HOW TO R
SUCCESSFU   DS

好父母
是怎样炼成的

阳银娟◎著

ZHEJIANG UNIVERSITY PRESS
浙江大学出版社

图书在版编目（CIP）数据

好父母是怎样炼成的 / 阳银娟著. — 杭州：浙江
大学出版社，2022.1
ISBN 978-7-308-21193-2

Ⅰ．①好… Ⅱ．①阳… Ⅲ．①儿童教育－家庭
教育Ⅳ．①G782

中国版本图书馆CIP数据核字（2021）第050352号

好父母是怎样炼成的

阳银娟　著

责任编辑	赵　静	
责任校对	胡　畔	
装帧设计	林智广告	
出版发行	浙江大学出版社	
	（杭州市天目山路148号　　邮政编码　310007）	
	（网址：http://www.zjupress.com）	
排　　版	杭州林智广告有限公司	
印　　刷	杭州高腾印务有限公司	
开　　本	710mm×1000mm　1/16	
印　　张	13.5	
字　　数	200千	
版 印 次	2022年1月第1版　2022年1月第1次印刷	
书　　号	ISBN 978-7-308-21193-2	
定　　价	58.00元	

版权所有　翻印必究　　印装差错　负责调换

浙江大学出版社市场运营中心联系方式：0571-88925591；http://zjdxcbs.tmall.com

目 录
CONTENTS

◖◖◖ 引 言

记得卢勤曾经说过："21世纪，要想让孩子成为成功者，并不是忙着去为孩子积累财富，而是让孩子自身成为财富。"

纵观我们身边的工作职业类型，大多数都是需要获得相对应的职业资格或者资质才能持证上岗的。

医生：需要经历5～7年的理论学习加上3年的实习医生经验才能获得医生上岗执照；

教师：需要有教师资格证；

律师：需要考律师资格证、通过司法考试；

会计师：需要考会计证、注册会计师证；

厨师：需要烹饪学校系统学习，获得厨师证才可以上岗；

司机：需要考驾照，才能上路开车。

但是作为家长，很少有人能意识到父母其实也是一份"职业"或者"工作"，大多数人都是没有经过任何系统性理论知识培训，就开始无证上岗，凭着本能、直觉在做父母。

我自己为什么想到写这本有关育儿方面的书，主要是源于自己的几个亲身育儿经历。

第一，80后暴力育儿其实很普遍

有了孩子之后，自己比较关注育儿知识，阅读了儿童心理学、教育学、成功学等不同学科的知识，原本我以为80后父母很多应该也是和我一样，对待孩子都很上心，对孩子都能用科学育儿理念，但接触了不少身边的80后宝爸宝妈后，发现实际并不是如此。

和我住在同一个小区的S夫妇，夫妻两个同为高学历（同为80后，也是有两个孩子，一个5岁，一个1岁半），爸爸是北京某三甲医院的主任医师，妈妈是该医院的护士长。一天闲聊时，她问我会不会打孩子，我说很少，基本上不会。她说："你知道吗？我是打孩子打得特别凶的那种，不听我就打，我5岁女儿不听话，我就打！"我听了之后，心里就"咯噔"了一下，同为80后父母，我当时以为大家都应该非常关注科学育儿，体罚对孩子的坏处和副作用肯定是人人皆知的。没想到自己的判断完全错误。其实，很多80后父母对待孩子的方式，还是沿袭60后父母对待他们自己的态度，坚持认为"棍棒底下出孝子"，"孩子天生调皮，不打不成器"。

后来又和几个好朋友聊了同样的事，发现其实80后使用体罚暴力对待孩子还是挺多的。我身边几个闺蜜的先生，尽管都是高校教授、副教授，但是她们也和我提过，她们先生对待孩子还是简单粗暴的方式——孩子不听话就是打。

第二，孩子越大越难管

孩子刚出生的时候，我盼着满月就好了。满月后想着100天应该轻松了吧。之后又想1岁会走路了应该就轻松了吧。孩子上幼儿园了，想着以后读小学、中学应该就解放了吧。

孩子越大越轻松？后来和几个前辈聊天，自己这种幻想完全破灭了。

2018 暑假在北京参加学术会议，刚好碰到了多年没有见到的 J 老师和 F 老师。J 老师的儿子今年 16 岁，F 老师的儿子 17 岁。会议中场休息期间，大家在闲聊育儿。J 老师说："F 老师，你们家儿子最近怎么样？雅思考出来了吗？"F 老师回答："嗨，甭提了，提到儿子就头大，一放暑假就是把自己关在房间里打游戏，给他报了雅思班，他也不肯去，好说歹说都没用，而且动不动就闭关绝食，不理我们，现在和我儿子差点成为仇人了！"

J 老师说："我儿子也是一样，对电子游戏很着迷，我最近都去电信公司，刚刚把家里网关了，没想到他拿手机照样玩游戏。马上进入高中学习阶段了，他现在这种状态，真的很为他担心！"

本来觉得孩子很小的时候很麻烦，需求很多，到大了就不怎么需要管了，但是听了前辈的对话，发现真相可能是："孩子越大越难管，孩子越大家长越管不了！"

第三，自己的亲身育儿经历

随着我家两个娃越来越大，发现越来越难管。

有时候孩子大哭大闹，根本不听管教，我自己常常是束手无策、黔驴技穷。

有时候是两个娃在争夺玩具、抢夺"资源"，不是老大哭，就是老二叫。

尽管也看了不少育儿方面的理论和书籍，但是到了育儿现场，有时候理性很难压过感性，有时候也忍不住吼孩子。

工作忙忙碌碌，一眨眼间孩子们就长大了很多，感觉自己还没有来得及学习成为好父母，孩子们就已经长大了。晚上听着孩子们睡着后的呼吸声，心里想，为人父母真的责任重大，小时候对孩子的影响足以奠定孩子一生的基础。

记得一位台湾作家曾经说过，父母的有效期为 10～12 年。其中，孩子 0～3 岁，是安全感构建、感官发育、智力发育的关键期；3～6 岁，是儿童生活习惯、人格认知的关键期；7～12 岁，世界观、人生观形成的关键阶段；到了 13 岁，进入青春发育期和成长叛逆期。对于孩子而言，最重要的是 0～12 岁，因为随着孩子年龄越大，父母对孩子的影响越小。

古话说，"三岁看大，六岁看老"，说的也就是这个道理。

但是大多数家长潜意识里还是认为早期教育不重要，学习是小学、初中才开始的事情。

到了初中、高中，开始为孩子的教育焦虑了，猛抓孩子文化课成绩，逼着孩子上各种培训班，但是效果却常常适得其反。孩子不仅不听话，反而更加叛逆。

日本作家伊坂幸太郎曾经说过："一想到为人父母居然不用经过考试，就觉得真是太可怕了！"

想到我们 80 后作为父母，很多也是没有接受过任何岗前培训、系统性理论知识和实践指导就上岗做家长了，对待孩子的方式很多时候是靠本能情绪反应，或者小时候父母如何对待我们，我们现在就如何对待我们自己的孩子。

但是对于孩子来说，确实影响着他们对世界的认知、人格的发展，以及习惯的形成。

孩子是我们的一面镜子，他们对外界的情绪反应和世界认知完全依赖于我们大人。

不要忘记，我们在做的每一件事情，对孩子说过的每一句话，都会在他们身上留下印记。

所以，趁着孩子还小，也激发了自己写一本关于如何教养孩子的书。

因为就像一棵小树苗，小时候精心施肥、给予阳光水分，就算长歪了一点点，也立马可以扶正过来，但是一旦孩子长成参天大树，如果长歪了，想要把大树扶正，基本上就是难于上青天。没有人是完美的，想要让孩子成长为具备成长型思维的人，首先父母要成为具备终身成长思维的成人，才能更好地引导孩子。父母前进一步，孩子才能前进十步。

《穷爸爸，富爸爸》中写道：所谓成功，就是有时间照顾自己的小孩。不是你赚了多厚的票子，不是你买了多宽的房子，也不是你开上了多帅的车子，而是学校的家长会能有你的身影，孩子打开家门的那一刻总能看到你的背影。

奥巴马在第一次竞选总统期间，不无得意地说道："我未必是一个好总统，但我一定是个好父亲，因为在长达21个月的竞选时间里，我从来没有错过一次女儿们的家长会。"

作为妻子的米歇尔，对丈夫的尽职尽责总是不吝夸赞，她多次在演讲中提到，她的丈夫奥巴马几乎每天晚上都会和女儿们共进晚餐，并且耐心地回答孩子们的问题。

是啊，连美国总统都有时间陪孩子，难道我们比美国总统还忙吗？

有人说过，对于教育孩子，除了言传身教和陪伴，没有任何捷径可循。

我们都明白，孩子需要的是感到被爱和理解。但是光向孩子声称我们像珍惜自己的眼睛那样珍惜他还不够，我们必须用行动向他证明。实际上，在孩子眼中，父母花在他身上的时间就是父母是否关心他的一个标志。因此，我们必须与孩子共度足够多的时间，以此表明他对我们有多重要。作为父母，最重要的奖励不是孩子的成绩和奖杯，甚至也不是他们的毕业典礼和婚礼，而是与孩子一起生活所感受到的身心愉悦，以及与他们在一起的点滴快乐时光。

照顾孩子就像照顾花园，做父母就像做园丁。因此，我们作为父母的工作不是创造一个特定的孩子，我们需要给孩子提供一个充满无条件的爱、安全、稳定的环境，让充满无限可能的孩子都可以蓬勃发展。我们的工作不是塑造孩子的思想，而是让这些思想引领孩子去探索世界的所有可能；我们的工作不是告诉孩子该如何玩，而是给他们玩具，然后在孩子玩完之后让孩子自己再把玩具捡起来。我们不能逼孩子学习，但是可以让他们自己学习。

如何养育健康的孩子

第一节　早期教育的重要性

意大利教育家蒙台梭利说："儿童出生后三年的发展，在其程度和重要性上超过儿童一生的任何阶段。"

英国的布鲁汉（Lord Henry Brougham）爵士曾经说过："如果一个人学到的东西可以擦掉的话，那么孩子在幼年期所学的东西，要用一生的时间来清除，而长大后所学的学问，不到一周的时间便可以完全抹干净。"

美国心理学家布鲁纳说："孩子到 4 岁时，其智力发展了 50%，8 岁时才发育完成另外的 30%，到 17 岁完成其余的 20%。"

苏联生理学家巴甫洛夫的话，更令人震惊："婴儿生下来的第三天开始教育，就晚了两天了。"

我自己最早意识到早期教育的重要性，是读了木村久一著的《早期教育与天才》之后。木村久一是儿童早期教育的鼻祖，著名的心理学家、教育学家。

他一生致力于儿童早期教育与智力开发研究，据称成功提升了一代日本国民的素质。他著作颇丰，《早期教育与天才》是他最有影响力的经典著作，曾在日本掀起了前所未有的早教风暴。这本书也是日本最早最完整最详尽的早期教育理论集大成之书，近一个世纪以来，被教育学界奉为家庭教育圣经。

前一段时间看刘良华谈家庭教育，提及此书，说道："孩子的成长遵循'潜能递减法则'。人具有一些天生的能力，但这些能力处于潜伏状态，它需要借助后天的环境的刺激才能被激发出来。而且，有些潜能是有关键年龄的，如果错过了关键年龄，这些潜能就很难发挥出来。"

木村久一的说法是："生来具备100度潜能的儿童，如果从0岁就对他进行理想的教育，那么他就可能成长为具备100度能力的人；如果从5岁开始教育，即便是教育得非常出色，也只能具备80度能力；如果从10岁才开始教育的话，充其量只能具备60度能力。"

这就是说，教育开始得越晚，儿童能力的实现就越少。

孩子是父母生命中最重要的人，父母所有的一切都是为了孩子更好地生活而努力的。做好早期教育是每一个家长首先应该懂得的。

爱因斯坦说过："孩子生来都是天才，往往在他们求知的岁月中，是错误的教育方式扼杀了他们的天才。"这句话道出了早期教育落在家长身上的重任！

也应了马卡连柯那句话，把0～6岁的孩子教育好了，后面的教育就不会有太大问题，自然比较顺利。马卡连柯说道："从某种事实来看，天才还是庸才，与其说是由先天的遗传、禀赋等因素所决定的，莫如说是由后天的环境和教育等因素所决定的。"教育要从早从小开始，早期教育的黄金时期不可错过。

教育孩子的基本要求之一是提高家长的素质。并不是说每个家长必须什么知识都具备，但起码知识面应该做到博而广。

家长对孩子进行早期教育需要注意以下三点：

第一，要遵循儿童的天性，选择孩子们最喜欢的方式来进行教育，采取启发、诱导的方式去开启儿童的智慧，这是最有效的；

第二，早期教育不完全是一个向孩子灌输知识的过程，而更应该在向孩子传输知识的同时，让孩子逐步掌握获取、发现知识的方法，因为获取知识的方法和善于思考的能力才是孩子一生中最大的财富；

第三，天才儿童是早期教育的结果，一旦停止早期教育，天才亦会变成庸才，早期教育并不是一劳永逸，必须坚持，否则，早期教育就会徒劳无功。

在《早期教育与天才》这本书里面，早期教育理念还有很多：

小鸡"追附母鸡的能力"是在孵出后4天左右，否则就不认得妈妈了……

孩子学习外语最佳时间是10岁以前，钢琴从5岁开始……

环境对孩子的成长产生决定性的影响，如儿童的好奇心被压抑后，孩子容易自闭，且永远无法弥补。

孩子生来存在天赋上的差异，但差异不大，仅仅是白痴和普通人的区别。

教育决定孩子的优劣，人的所有能力都是从出生后才开始发展的，这是大脑发展的规律。

孩子越接近0岁，潜在能力越巨大，抓好了，全面开花，结出硕果，否则，这些潜能就像风一样迅速消失，永不再来。

父母应该从两岁开始培养孩子的阅读能力。

暴饮暴食影响孩子的智力发育。

知识能博得人们的赞赏，而善行却能得到上帝的嘉奖。前者短暂，后者永恒。

一个人对书的喜好往往取决于他第一次阅读的书，童年时期的阅读可能会影响他的一生。

一个懂得神话的孩子和一个不懂得神话的孩子在看到同一片天空的繁星时，感触是不同的。

只要有兴趣，再用功的人也不会损害神经，强制学习才会。

狂妄的人通常不自信，狂妄仅仅是为了掩盖内心的软弱，用外表的骄横掩饰内心的自卑。

孩子对于抚爱和夸奖，他们会以微笑和撒娇加以回报；而对于嘲弄和漠视，他们以发怒和任性来加以回应。

天才儿童常常是家庭中的第一个孩子，或者是独生子女。（这个观点有点怪，姑妄言之。马卡连柯认为，独生子女是教育不好的，也姑妄听之。）

那些动不动就怒气冲天的父母，只能把孩子吓得六神无主和神经衰弱，表面上孩子是听话了，其实什么问题都没解决。

填鸭式教育培养的孩子永远都缺乏自己的观点和独立思想，他们好像是被线牵住的傀儡。

千万不要骄傲自大，瞎鸟有时也能啄到豆。千万记住，你现在所取得的一切没什么了不起。

结合现实生活情境，很多家长对早教存在误解，其实早教不是让孩子几岁前认多少字、背多少诗，抓住婴幼儿智力发展的关键期是最重要的，在这个时期利用其脑神经的敏感性，进行教育培养，可以达到事半功倍的效果。

研究表明，两个家庭背景相似的 3 岁孩子，一起进行智力测试，结果显示出生后一直系统接受早教的孩子比从未接受过早教的孩子智商高，适应性强，且更健康活泼，富有个性，更容易交往。

可见，根据孩子生理和心理发展的特点，抓好关键时期进行有针对性的早期指导和培养，是非常重要的，这为孩子今后智力发展和健康人格的培养打下良好的基础。

第二节 母乳比黄金更珍贵

　　自从配方奶粉出现后，很多准妈妈们就马上面临如何喂养孩子的选择。母乳及其喂养体验带来很多好处，很少有人会认为配方奶更好。但是母乳喂养也有其缺点：乳头疼痛，乳房感染，疲劳，咬伤，以及母亲所受到的时间束缚。母乳喂养也使得婴儿暴露于母亲接触的药品、感染以及环境毒素当中。

　　但是，根据最近研究成果和文献，相比配方奶粉，母乳喂养还是有很多优势。

　　（1）生物技术时代，配方奶仍然不能复制母乳所有营养成分。研究发现，母乳不仅仅是营养物质、维生素和矿物质的复合物，还包括酶、免疫因子、激素、生长因子和其他一些尚未被发现的物质。这些物质可以帮助婴儿吸收营养、抵抗感染，促进其器官发育。

　　（2）相比人工喂养的婴儿，母乳喂养的婴儿发生呼吸道、耳和尿道感染的概率更低。由于消化系统接触母乳中免疫因子最多，所以母乳喂养在降低腹泻等肠道发病率等方面，作用尤为明显。

　　（3）许多研究者也认为，母乳对宝宝大脑发育格外有益。也就是说母乳喂养的孩子比配方奶粉喂养的孩子更聪明！在数10项的研究中，母乳喂养的孩子相比配方奶粉喂养的孩子表现出明显的认知优势：不论是在1～2岁的智力发育测试（比如语言、社交、精细运动和对事物的反应能力），学龄前的各项智力测试，还是10岁时在校考试之中，他们都能够得到更高的分数。此外，很多研究表明，在婴儿出生后的第一年里，母乳喂养时间越长，配方奶粉吃得越少，宝宝的智商或者学习成绩就越高。

　　（4）1992年，英国的一项针对早产儿的研究表明，母乳喂养的孩子在

8 年之后的智商测试中，得分比喝配方奶粉的孩子高出 8 分。这项研究最大的亮点是排除了母亲的受教育程度和社会经济地位的影响。因为两组宝宝的母亲都具有相似的受教育程度和社会经济地位。

（5）营养成分，母乳营养成分一共有 400 多种，婴儿对母乳的吸收效率大于 90%。而配方奶粉的营养成分是 50 多种，婴儿的吸收效率只有 50%。

（6）哺乳能够为婴儿提供包括味觉在内的各种愉悦感。哺乳时的肢体接触也有镇静作用。哺乳能够为婴儿提供他能感受到的最丰富的触觉刺激：在母亲怀抱中的安全感、与母亲亲密的肌肤接触，以及吮吸时强烈的口腔刺激。单单是吮吸这个动作就可以对婴儿产生镇静和镇痛作用。

再来看看母乳里有哪些重要的营养成分：

（1）牛磺酸：母乳中富含大量牛磺酸，牛磺酸也大量存在于新生儿的大脑和眼睛当中。有证据表明牛磺酸能够降低神经兴奋性，并且降低新生儿高热诱发癫痫的概率。

（2）脂质：乳汁中含有大量脂质。脂质对髓鞘的形成非常重要。脂质在乳汁中主要以甘油三酯的方式存在，类型和比重与牛奶中的有很大区别。比如母乳中含有不饱和脂肪酸——亚油酸，这种在牛奶中含量就很低。在母乳中含量最多的脂肪酸是油酸，也是在髓鞘中最常见的不饱和脂肪酸之一。尽管目前很多配方奶粉中有这些添加物，但是婴儿还不能够有效吸收利用配方奶粉中的脂质。

（3）母乳中的非营养成分：在婴儿大脑快速成熟的时期，母乳里面的一些酶类、生长因子、激素等物质会直接影响婴儿神经元的发育。以甲状腺为例，它存在于母乳中，并且在神经元的存活和成熟中扮演了重要的角色。乳汁中的免疫因子对大脑的发育也有积极的作用。

要完全阐明乳汁中促进大脑发育的成分可能要花费几十年的时间，但是母亲们已经有了一个理想的喂养方式。母乳对婴儿来说，是比黄金还要珍贵的、最好的食物，不仅有利于他们的营养和健康，而且有利于他们思维的发育。

第三节　读懂食品成分表

记得我大四的时候，听一位营养学教授的讲座，她说，超市里，除了新鲜蔬菜水果、粮油，其他80%都是垃圾食品。然后这位教授还详细给我们介绍了哪些食品里面含有添加剂和防腐剂，添加剂和防腐剂对人体的危害等等。

自从我自己当了妈之后，买任何食品之前，第一件事情就是看食品成分表。通常而言，如果零食里有很多食品添加剂，一般都不会买给孩子吃。当然，也会给孩子解释为什么不能买那些零食。

零食大都放了很多添加剂，其中包括：食用色素、高果糖玉米糖浆、亚硝酸钠、面粉处理剂（溴酸钾）、阿斯巴甜、糖精、D-异抗坏血酸钠（抗氧化剂）、钠、反式脂肪、安赛蜜、氢化植物油、柠檬酸等。

那么我们看看哪些食品里添加剂比较多，不适合孩子过量食用呢？

1. 水果制品和运动型饮料

水果制品和运动型饮料通常添加了很多红色40、黄色5和黄色6等食用色素，摄入过多食用色素会导致儿童多动症。动物实验表明，这些色素还与癌症有关。

2. 汽水、麦片和调味品

在汽水、麦片和调味品中都能发现高果糖玉米糖浆这种甜味剂和防腐剂。过量食用会导致儿童肥胖症和糖尿病。

3. 午餐肉、腌肉和腌鱼

午餐肉、腌肉和腌鱼中含有大量的亚硝酸盐，食用亚酸硝钠容易诱发和导致多种癌症。

4.含有添加剂的面粉以及其制品

很多面粉是用面粉处理剂（溴酸钾）处理过的，但是这种添加剂容易致癌，在很多国家是禁止使用的，但在美国是合法的。我记得《每周锻炼四小时》的作者蒂莫西·费里斯在书中曾经提到，如果想要保持健康，远离糖尿病，请尽量减少精米面的食用，因为绝大多数精米面里都有的面粉漂白剂（实际上谷物磨出来根本没那么白）的成分是二氧化氯，二氧化氯和食物中的蛋白质发生化学反应会形成四氧嘧啶，四氧嘧啶就是导致糖尿病的罪魁祸首。

5.含有阿斯巴甜和糖精的饼干和饮料

阿斯巴甜和糖精在很多饮料和饼干里都有。这些不含卡路里的蔗糖替代物常用于制作餐桌甜味剂。有研究显示它们可能会致癌。

6.含有 D- 异抗坏血酸钠（抗氧化剂）的食品

被中国食品添加剂协会评为"绿色食品添加剂"，可保持食品的色泽，自然风味，延长保质期，主要用于肉制品、水果、蔬菜、罐头、果酱、啤酒、汽水、果茶、果汁、葡萄酒等。但过量摄入会导致一系列的肠道与皮肤疾病。

7.比萨饼、番茄汁和熟肉

比萨饼、番茄汁和熟肉等食物中含有大量氯化钠元素，过量食用会导致脑中风和心脑血管疾病。专家建议，6个月以内的婴儿每天食盐的摄入量为 115 ～ 350 毫克，6 个月至 1 岁为 250 ～ 750 毫克，1 岁以上 325 ～ 975 毫克，4 岁以上 450 ～ 1350 毫克，7 岁以上 600 ～ 1800 毫克，11 岁以上不应超过 2300 毫克，也就是一茶匙的量。

8. 汉堡包、薯条和爆米花

汉堡包、薯条和爆米花中含有大量的反式脂肪。它会导致胆固醇增高以及冠心病。

9. 口香糖和薄荷糖

口香糖和薄荷糖含有大量的人工甜味剂——安赛蜜，这种不含卡路里的人工甜味剂会用于糖块、口香糖和薄荷糖的加工。但过量食用会对人体肝脏和神经系统造成危害。

10. 沙拉酱、人造黄油和焙烤食物

沙拉酱、人造黄油和焙烤食物含有很多氢化植物油，氢化植物油作为一种保鲜剂和提味剂，常代替黄油和脂肪用于沙拉酱、人造黄油和焙烤食物的加工。它会导致肥胖症、高胆固醇和心脏病。

11. 罐头、饮料、果酱、酸味糖果

过量摄取柠檬酸，儿童可能表现出神经系统不稳定、易兴奋，成人则会导致肌肉痉挛等。基于柠檬酸对钙的吸收可产生的影响，经常食用罐头、饮料、果酱、酸味糖果的儿童，一定要注意补钙。胃酸过多、龋齿和糖尿病患者不宜经常食用柠檬酸。柠檬酸不能加在纯奶里，否则会引起纯奶凝固。

12. 咖啡

咖啡里含有大量咖啡因，大剂量或长期使用咖啡因也会对人体造成损害，特别是它有成瘾性，一旦停用会出现精神委顿、浑身困乏疲软等各种戒断症状。咖啡因不仅作用于大脑皮层，还能直接兴奋延髓，引起阵发性惊厥和骨骼震颤，损害肝、胃、肾等重要内脏器官。8 岁以下的儿童不建议喝咖啡或者含有咖啡因的饮料。

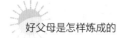

13. 含有膨松剂的油条、蛋糕

油条、蛋糕里通常都会放膨松剂。近年来的研究表明，膨松剂中的铝对人体健康不利，因而相关部门正在研究减少硫酸铝钾和硫酸铝铵等在食品生产中的应用。

14. 木糖醇

木糖醇不会被胃里的酶分解，直接进入肠道，吃多了对胃肠有一定刺激。由于木糖醇在肠道内吸收率不到20%，易在肠壁积累，造成腹泻。

食品添加剂存在于某些饮料、零食中，对脑、心脏、四肢和胃都有影响。尽量少给孩子们食用这些零食和饮料，孩子们会更加健康。清华大学陈劲教授曾经在一次会议中问过我们："你们知道特斯拉创始人埃隆·马斯克（Elon Musk）为什么这么厉害吗？因为他的母亲是系统学过营养学的！"

埃隆·马斯克在一次访谈中，表示自己的成功很大程度上是因为他有一个学过营养学的妈妈。马斯克的母亲是养育三个孩子的单亲妈妈，拥有营养学硕士学位，还考取了加拿大和美国的注册营养师，她培养了三个优秀的子女。

大儿子埃隆，PayPal、特斯拉、SpaceX 三家伟大公司的 CEO，美国家喻户晓的科技界天才，钢铁侠的故事都以他为蓝本而创作。二儿子金博，一家大型绿色环保餐厅 The Kitchen 的创始人。小女儿托斯卡，好莱坞知名导演、电影制片人。

就如营养学家 Gillian McKeith 在《你吃什么就是什么：改变你一生的饮食计划》（*You Are What You Eat: The Plan That Will Change Your Life*）一书当中说到的，我们每天决定给孩子吃什么，不吃什么，其实不仅决定了他们的健康水平，而且还深度影响着他们的大脑发育、情感认知以及在学校的学业成绩和表现。

第四节　运动改造大脑

　　记得我读书的时候，在一次团队例会中，我们的博导问我们："你们知道美国为什么强大吗？""美国的强大是从娃娃的体能开始抓起，美国小学重点必修科目不是语文，也不是数学，而是体育，小学毕业必须有十个体育项目达到 A 才可以毕业，十个项目是自己自由选择的，可以选棒球、足球、篮球、橄榄球……任何学生感兴趣的体育项目。""其实美国人早就明白了一个朴素的道理：运动越多，头脑越发达。"

　　从人体运动学专家到流行病学专家都已经反复证实了，孩子的体能越好，大脑的功能就越好。查尔斯·希尔斯的研究表明，体能好的孩子在执行能力认知测试中的得分要优于体能差的孩子。美国凯斯西储大学产科医生詹姆斯·克拉普（James Clapp）致力于研究运动对孩子的影响 20 多年，他在《怀孕期的运动》一书中指出，孕期运动是孩子大脑发展的关键，相比不运动的母亲，运动的产妇所生的婴儿神经系统更发达。克拉普提出的理论认为，运动推挤了子宫内的胎儿，这种刺激与我们抚摸和拥抱新生儿的效果异曲同工，增进了大脑的发育程度。从实验当中的两组孩子 5 岁时的表现来看，多运动的产妇生的孩子在智商和口语表达上明显超过了那些不运动的产妇所生的孩子。

　　哈佛大学医学院副教授乔恩·瑞蒂（John Ratey）在《运动改造大脑》一书中提到，运动对孩子成长益处多多，具体而言有以下几点：

1. 更好的体能，更优的学习成绩

　　运动是最佳的健脑丸。2000 年 10 月，杜克大学的研究人员在《纽约时报》上发表了一项重要的研究成果，这个研究证实，用运动治疗抑郁症的

效果要大大好于抗抑郁药物舍曲林（商品名是"左洛夏"，Zoloft）。在伊利诺伊州的内珀维尔（Naperville）203学区，体育课让这个地区1.9万名学生成为全美国体质最强健的孩子，二年级学生中只有3%的学生体重超标，而全美国平均有30%的学生体重超标。更令人震惊的是，这个项目使得那里的学生进入了全美国最聪明的孩子之列。比如，在国际数学和科学研究趋势项目（Trends in International Math and Science Study，TIMSS）的国际化标准测试当中，近年来中国香港和台湾地区、日本和新加坡的孩子已经在这方面超越了美国的孩子，但是内珀维尔市的孩子在TIMSS数学测试中得了第六名，而在科学测试中则获得了第一名。越来越多的神经学科学家还发现：有氧运动给身体提供了某种独一无二的刺激，而这种刺激又给大脑创建了一种环境，这种环境使大脑能够做好准备，愿意并且有能力去学习。德国的研究人员发现，人们在运动后学习词汇的速度比运动之前提高了20%，学习速度与脑源性神经营养因子水平直接相关，脑源性神经营养因子负责建立和保养神经细胞回路，是"大脑的优质营养肥料"。

零点体育课

内珀维尔高中采用的并非传统的标准体育课，他们采用的是零点体育课（Zero Hours PE），零点体育课的精髓在于，传授给学生的是健身之道，而不是运动项目。基本原理是，通过体育课指导孩子们如何检测和保持自身的健康和强健体能，那么体育课将令他们受益终身，而且他们还很有可能更幸福长寿。体育课真正传授的是一种生活方式，学生们在了解他们身体如何运作的同时，也在培养健康的习惯、健康的技能和兴趣爱好。学生们在从事各种各样的运动时，会不由自主地发现自己感兴趣的运动。内珀维尔的体育教师们正在通过这种方法为学生们创造新的前景，他们让孩子们迷恋上运动而不是整日坐在电视机前。此外，在给孩子打分时，零点体育课基于这样一种基本原则：给学生打分的依据是努力的程度，而不是技能，在体育课上，学生不必像一个天才运动员那样出色。零点体育课项目当中，学生可以在18项体育项目中任意选择10项，除此之外，他们还会为孩子设计终身的健身活动，在各项体育活动中如攀爬、足球等，学生们相互协作，没有竞争，也很少受伤。

零点体育课项目的创办人认为，上文化课之前进行大量的体育锻炼能大幅度提高学生的阅读能力以及其他学科的学习能力。精神生理学家查尔斯·希尔曼（Charles Hillman）对216名3～5年级学生进行了一个研究，结果表明：体能越好的学生，在注意力、工作记忆以及处理信息速度方面表现也更加优秀。脑电图EEG显示，体能好的学生大脑更加活跃，在完成某项指定任务时，大脑会让更多的神经元参与到注意力加工的过程中。也就是说，更好的体能等于更好的注意力，因此，也将带来更好的学习成绩。

运动能够增强孩子的自信心，培养社交技能。内珀维尔高中的老师们谈到他们的体育课给孩子带来的改变时谈到，通过运动项目，那些性格相对内向的孩子能够学习到，如何接近某个人，站立时该保持多少距离以及如何让其他人发言，运动起到社交润滑剂的作用，而且运动还缓解了焦虑，所以运动对学习如何社交来说至关重要。运动让大脑做好准备，并建立起这种经历的记忆神经回路。

2. 运动能够给孩子更好的专注力

如今的外部环境很容易让孩子分心，网络上源源不断的娱乐消遣内容挑战着每个人的注意力时限。在一个充满着噪声和干扰，各种信息混杂的环境下，有时候我们成年人都感到不堪重负，更无法集中注意力。假如过了一个小时，我们的手机还没有响起，电子邮箱空空如也，那我们就会怀疑是不是出了什么故障。谁有时间或耐心来安排事情的先后，策划或全面考虑所有事情，然后来评价它们的效果呢？

现在，很多儿童患有注意力缺陷多动症（简称"多动症"，ADHD），在《分心不是我的错》一书当中，作者约翰·瑞迪提到了患有多动症儿童的根源在于多巴胺分泌不足，而运动能够刺激大脑产生更多的多巴胺，能够让人心情愉快，注意力更加集中。霍夫斯特拉大学的研究生的小型研究结果表明，参加了两次格斗术训练后，8～11岁患有多动症的男孩与参加有氧运动项目的孩子相比，行为和表现的评估分数均有提高（与不运动的对照组相比，这两个运动组都有显著改善）。参加格斗训练的孩子能完成更多的作业，能更好地预习课程，他们的学习成绩提高了，违纪情况也减少了，并很少离开座位了。总之，他们更加能专注于学习。研究结果还表明，运动激活了大脑内一系列广泛的区域，它们控制着平衡感、时间安排、顺序安排、结果评价、转换、纠错、协调精细动作、抑制作用，当然还有高度集中和全神贯注。

3. 运动能够帮助孩子摆脱成瘾习惯

压力的生物学基础与成瘾性有关。科研人员阿恩·迪特里希（Arne Dietrich）在《英国运动医学》杂志上发表了一项研究结果："人们描述跑步带来的快感与人们对毒品或者恍惚状态的描述相类似——扭曲的感知力、反常的思维模式、减少对周围事物的认知力以及增强对自我意识和情绪状态的内省力。"运动能够帮助解除成瘾性的原理在于，运动可以激活内源性大麻素系统[1]，研究测量了大学生在健身单车上运动40分钟后，血液当中的大麻素水平，结果发现大麻素水平几乎翻倍。此外，运动还能够减轻戒断症状时的抑郁和焦虑。

一个处于恢复期的成瘾者感到焦虑和绝望的时候，极有可能在不知不觉当中动摇他放弃毒品的决心和毅力。人们在非常痛苦的时候，更易失去理智。对刚刚戒除酒精和香烟的人来说，力量型锻炼和有氧运动能减轻他们的抑郁感。2006年，澳大利亚的研究人员通过对学生两个月的运动计划的实施，发现学生去健身房次数越多，香烟、咖啡因和酒精的摄入也就越少；同时他们能够摄入更多的健康食品，而非垃圾食品；他们拥有更好的情绪管控能力和自律能力。

此外，运动还能够帮助孩子很好地预防近视。随着社会节奏越来越快，学生的作业负担也越来越重。大部分休息时间也给了电子产品，孩子出去玩的时间少了，宅在家的时间多了，这就导致一个严重而又普遍的问题——近视。我自己在大学上课或者监考时，会观察大学生当中有多少比例的学生是戴眼镜的，结果发现通常大学班级里面不需要戴眼镜的占比两成都不到。中国人的近视率近30年来呈现爆发式增长，30多年前，近视率20%不到，而如今青少年的近视率已经突破了90%。我们的邻国日本、韩国、新加坡等国家的近视率也在飙升，原因大概是亚洲国家孩子的学习任务都很重，所以人们认为近视率增长和学习时间长有关。但是，其实孩子是否近视的关键影响因素是户外活动。

悉尼大学的凯瑟琳·罗斯博士的研究表明：尽管悉尼的孩子花在课桌前学习的时间更长，但是奇怪的是，他们的近视率只有3%，而生活在新加坡的孩子近视率是25%。为什么会有如此大的区别呢？原因就在户外活动时间。悉尼的孩子每周共有13个小时的户外活动时间，而新加坡的孩子户外活动时间只有3个小时。

现在学界也普遍认为，经常在户外活动，能够增加孩子接收光线的时间，促进视网膜释放多巴胺，多巴胺能够防止眼球变长，从而保证眼球的正常发育。

长期待在屋子里，对眼睛的影响是负面的，但是这些负面影响可以通过户外活动得到缓解。不管在户外玩什么，只要在户外玩，就对孩子的眼睛健康有好处；也不一定非得晴天，阴天户外的光照也是足够的。我和我儿子经常到小区里面玩一些简单的小游戏：比如丢手绢、踢皮球，或者是拿个放大镜观察落叶、果实，认识大自然的花花草草等。

此外，家长们最好定期带孩子检查视力。电子产品使用频率的增加，其实对孩子的视力发育很不利。之前看过一篇研究文献，里面提及各类电子商品对孩子眼睛的损伤度，手机是最伤眼的，其次是电脑屏幕，伤害最小的是投影仪的屏幕。

我一个邻居，在孩子2岁的时候，就开始教她认字、读报，每天就是看iPad视频，学习各种拼音，读英文书等。孩子5岁时候，已经能够认识1000多个汉字，2000多个英文单词。但家里人都没有想起带娃去医院检查视力。等到孩子说视力不好，才想起来去医院看，医生说孩子已经高度近视加散光，并且是不可逆转的。

此外，日本眼科名医本部千博指出，看远处时，我们的眼睛的睫状肌是松弛的。看近的东西时，眼睛的睫状肌高度紧张。长时间的近距离用眼，如看书、写字、看电视、拼乐高和学习弹钢琴都是典型的近距离用眼活动，时间久了，眼睛就会疲劳，长此以往，就会导致视网膜接收到不清晰的图像，并且会发出化学信号，让眼球生长，这样会加重孩子近视的程度。

孩子的眼睛在0~6岁是处于快速发育状态，变化非常快，有可能半年就不一样了，因此，做家长的不仅要定期给孩子检查视力，在平常用眼过程中，也要注意提醒孩子休息。本部千博医生提出，可以教孩子摩擦双手，把双手擦热，然后敷在眼睛上面，这样能够促进眼部血液循环，可以很好地缓解视力疲劳。

第五节 早上托班更有益

在我儿子2岁的时候，我曾经带着他去看过好几个托班，但是内心也比较纠结，担心太早上托班，对孩子不好。后来看了美国罗莎琳德富兰克林医科大学教授莉丝·艾利奥特（Lise Eliot）博士写的《大脑与心智的最初5年》一书以及近期的对儿童早教的研究之后，发现自己的担忧是多余的。

莉丝·艾利奥特指出，有确凿的证据显示，家庭经济差的孩子如果很小的时候就进入高质量的学前班或者托儿所学习，在智力方面将会获益。但是对于经济条件中等或者优越的孩子而言，情况就更为复杂。

瑞典的两项研究发现，全天托管的孩子与那些在家里长大的孩子相比，在学习和认知表现上优势明显。同样，美国的几项研究报道也称，在高质量托儿所托管的孩子们智力发育更为超前。但其他研究并未发现母亲工作是否会导致孩子们认知水平的差异。

此外，美国国家儿童健康与人类发展研究所进行的一项大规模研究，试图将儿童保育涉及的诸多变量进行分类，其研究结果也印证了上述结论。研究发现，是否完全接受母亲的照料并不会给学步期的儿童带来太多认知上或语言上的差异。

与儿童保育的质和量相比，家庭特征（例如收入、教育、母亲的性格和育儿方式）对儿童智能的发育更具有决定性的意义。该研究发现，完全由母亲抚养的孩子和接受正规托管的孩子之间存在发育上的差异，这也说明了儿童保育质量的重要性。和完全由母亲带大的孩子相比，在高品质保育机构中长大的孩子具有更好的认知和语言技能，如果保育机构品质低劣，孩子们的上述能力则会比较弱。在各式幼托机构中，日托中心相比家庭托管或保姆更有利于儿童认知和语言的发展。

第六节　向法国妈妈学习如何优雅育儿

旅居法国巴黎多年的帕米拉·德克曼（Pamela Druckerman）在《养育宝宝——法国妈妈育儿的智慧》（*Bringing Up Bébé: One American Mother Discovers the Wisdom of French Parenting*）一书中对法国妈妈的育儿方式进行研究。他在接触观察了大量的法国妈妈育儿样本之后，发现法国妈妈养育的宝宝和美国宝宝行为差异非常大。比如美国宝宝大多数在 1 岁还难以睡整夜觉，而法国宝宝通常 4 个月之前就可以睡整夜觉了；美国宝宝吃饭喜欢把食物扔得到处都是，但是法国宝宝很少乱扔食物到餐桌底下；美国宝宝有需求就喜欢通过哭闹表达诉求，而法国宝宝即使有需求，也会耐心等待大人说完话再表达诉求。那法国妈妈究竟有哪些育儿诀窍呢？

绝招 1：孩子一生下来，就用"暂停法"训练孩子睡眠

法国宝宝自从出生开始，夜里如果哭闹，妈妈不会立马就冲过去抱孩子，她们会先观察 3 ~ 5 分钟，看看孩子是为什么哭（比如是饿了、尿了、过热还是其他原因），然后再把宝宝抱起来。

法国妈妈认为，孩子一生下来就有学习和理解事物的能力，通过"暂停"的方式观察，然后再采取措施。一方面，可以让婴儿学会自我安抚；另一方面，也让孩子逐渐学习自己入睡。

孩子哭了，不要立即去抱。

自宝宝出生起，不要在夜晚动不动就出现在宝宝面前，给宝宝一个自我安抚的机会，即使是刚出生的婴儿，也不要主动地回应他(她)，这就是法国人的所谓"暂停法"。如果在婴儿早期就使用这个方法，可以显著改善孩子的睡眠。

暂停的一个原因是，新生儿在睡觉时，会有很多动作，或发出一些声响，这是正常的。如果父母一听到声响，就立刻冲上去把宝宝抱起来，反而会把宝宝弄醒了。

暂停的另一个原因是，宝宝会在两次睡眠周期之间醒过来，睡眠周期一般大约为 2 小时。在他们学习连接这两次睡眠周期时，哭一下是非常正常的。如果父母把这个行为自动解读为宝宝饿了，或者不高兴了，而赶紧安慰宝宝，宝宝就无法自然形成睡眠周期了。结果变成，在每个周期的最后，他(她)都需要大人插手，把自己哄睡着。所以，那些夜晚对宝宝哭闹反应慢一点的父母，大多会有一个乖乖睡觉的孩子。而立刻跳起来回应的父母，则会有一个夜里反复哭闹的宝宝，直到父母自己都无法忍受。

但这个"暂停法"基本上只对 4 个月以内的宝宝有效，再长大一点，不

好的睡眠习惯就已经养成了。

绝招 2：孩子一日四餐定点定量，绝对不给零食

帕米拉去参加过很多法国家庭的聚会，发现法国宝宝在餐桌上表现非常棒，比如，从来不乱扔食物；可以耐心等待食物的到来；大人在聊天的时候，不随意打断大人的谈话，而是等大人说完之后再说；能够和大人一起耐心享用一顿法式正餐（通常时间比较漫长）。

当她问起法国妈妈其育儿方法时，法国妈妈这样和她解释："通常法国妈妈会给孩子设定固定的进餐时间，一般是早上 8 点、中午 12 点、下午 4 点、晚上 8 点，晚上 12 点，凌晨 4 点。如果宝宝可以睡整夜觉了，凌晨四点的这一顿就不喂。在非进餐时间，是不可以吃任何食物的。"

那么法国孩子是怎么做到在固定时间吃饭的呢？第一个原则就是过了最初的几个月，应该让宝宝在每天大约固定的时间吃饭；第二个原则是，应该让宝宝吃饱饭，而不是少食多餐；第三个原则是，应该让宝宝适应家庭的节奏。

在法国，下午茶是唯一正式的零食时间。一般是下午 4 点半开始，也就是孩子们放学之后。它通常都是为了给孩子加餐，并且和其他的进餐时间一样固定。

营养方面，大多数法国妈妈坚持孩子应该每天至少进食 5 种不同类型的蔬菜。当问到宝宝挑食怎么办，很多法国妈妈都表示，他们会逐一慢慢给孩子尝试不同的食物，如果孩子不吃，那就过一段时间，再继续给孩子尝试，或者换一种烹饪加工方式，或者添加一些其他配料（如酸奶、芝士，或者奶油、橄榄油……），直到孩子可以完全接受这种新的食物为止。

法国很多家庭有周末做蛋糕的习惯，法国宝宝一岁半开始，就可以参与制作蛋糕，但是如果蛋糕做好了，进餐时间还没有到，就不可以吃蛋糕，一起等待，等到固定的时间点才可以吃。

法国妈妈认为给宝宝定点喂食有一个很大的好处，就是让他们学会等

待，让他们知道，等待是生活的一部分。法国家庭不仅在食物内容和进餐时间上培养孩子耐心，而且还从怎样吃以及和谁一起吃两个方面入手。法国孩子很小就养成了进餐要有顺序的习惯，至少会从开胃菜到主菜，再到甜品。他们也习惯和父母一起用餐，这更需要父母有充分的耐心。

绝招3：托儿所

在法国，职场妈妈的比例非常高，远远要高于美国。原因在于他们有很好的托儿所，可以接受0～3岁的宝宝。托儿所的护理人员都经过严苛的筛选、专业技能培训以及高强度的岗前实践，保育员必须持证方可上岗。所以托儿所的保育员，不仅很有耐心和爱心，而且育儿知识非常全面，护理婴儿十分专业。

和美国一样，法国托儿所也非常紧俏，通常很多中产法国妈妈在怀孕九周能听到胎心时，就开始排队预约名额，抢到育儿所的名额是职场妈妈安心回到职场的关键。帕米拉认识的一位法国女法官，生完孩子第六天就开始上班了。

孩子到了3周岁之后，就可以免费上公立幼儿园。但是幼儿园基本上不教什么文化知识，通常也都是让孩子自由玩耍，学习规则秩序感，以及如何与别人相处。与美国妈妈的焦虑强推式养娃大不相同的是，法国妈妈强调让孩子按照自己的节奏，唤醒并发现未知，慢慢探索，对待孩子的一些兴趣爱好、特长的培养，以及文化知识的学习，她们更为从容、淡定。

但是，法国妈妈在孩子6岁前，都是尽量让孩子多听音乐会，少识字。

绝大多数法国父母没有那种希望孩子赢在起跑线上的紧迫感。他们不会强迫孩子阅读、游泳、做数学题。他们不想迫使孩子成为神童。虽然他们也会给孩子报名学网球、击剑、英语等课程，但他们不会以此炫耀他们是多么好的父母，也不会把课程看作秘密武器。

在法国，父母一般会在周六早上让孩子去上音乐课，但他们不是为了激活孩子的神经中枢系统，而仅仅是为了好玩。在6岁之前，法国孩子很少识字。

堪萨斯大学的一项研究发现，法国妈妈相信孩子会"自我启迪"，所以一般不会在孩子认知发展方面给予外力帮助，或者让他们提早入学。她们认为，"启迪孩子"是让宝宝获得各种感知体验，其中包括品尝。它可以是凝视蓝天，在妈妈准备饭菜时闻一闻饭香，或者在毛毯上独自玩一会儿。通过这些，可以让孩子的感觉更敏锐，同时让他（她）感知不同的事物。这是教他（她）成为一个可以自我娱乐的大人的第一步。启迪孩子，会使孩子日后获益良多，会让孩子学习享受每个时刻的快乐。

绝招4：不要不管孩子做了什么，就赶快赞扬

在法国，有数百个为4岁孩子设计的各种各样的多日旅游。小一点儿的孩子一般会去乡村住上七八天，他们会在那里骑小马、喂山羊、学唱歌和发现大自然。而年长一点的孩子，他们会去欣赏歌剧、划独木舟，或者参观天文馆。

显然，让孩子适当地独立，让他们变得更有韧性，是法式育儿很重要的一部分。在法国，如果一个家长保护性太强，或者管制孩子每一个微小的细节，就会有人站出来提醒他别管孩子那么多。

与美国家长爱热情洋溢地鼓励孩子不同，法国家长不认为赞扬永远是正确的做法。他们认为，当孩子能够为自己做事，而且还能做得很好的时候，会感到自信。家长不要不管孩子做了什么就赶快赞扬，而应该是在孩子说了有趣的事情，或者给出了正确的答案，并且说得很好的时候才赞扬。

绝招5：在家里，孩子不是中心，妈妈才是"老板"

一个星期天，帕梅拉带着2岁的儿子利奥去儿童游乐园。她让利奥在沙坑里玩，自己和邻居弗雷瑞克聊天。利奥非常好动，老想往沙坑外面走，每次往外走，帕梅拉都要追上去把他拽回来，与弗雷瑞克的谈话不得不屡次中断。

弗雷瑞克告诉帕梅拉，对孩子说"不"要坚决，于是等利奥再次要

"跑"，帕梅拉把"不"声调提高了许多，可惜没起作用。"看见了吧，办不到。"帕梅拉沮丧地对弗雷瑞克说。弗雷瑞克解释道，用坚决的口气说话不等于大嗓门，而是说话时，家长要充分相信自己的权威，认真地发出指令。

帕梅拉细细体会弗雷瑞克说话的意思后，等利奥再次试图离开沙坑时，她用平静但是相当严肃的口气制止他。利奥小心翼翼地看了妈妈一眼，似乎终于明白了妈妈的意思，于是留在沙坑里跟其他小朋友一起玩。

"那一刻，或许是头一回，他变得像个法国孩子了。"帕梅拉感叹道。

法式育儿让人印象深刻的一个部分是：保有家长权威。在法国的家庭等级次序上，毫无疑问先是父母，后是孩子们。法国父母树立权威的途径就是"建立界限"，那么父母应该如何建立这种界限呢？建立界限的过程难免看起来有些苛刻。这个过程不仅仅是说"不"，说"这事由我决定"，法国父母或者教育家建立界限的另一个方法是常常提起界限。

就是说，他们花费很多时间告诉孩子什么是被允许的，什么是不被允许的。做这些就是为了让界限变得好像能被看到一样。但同时，家长们会在界限之内，给孩子们充分的自由，以使孩子保有创造力和自己的个性。

绝招6：社交礼仪

法国妈妈非常注重孩子的教养。在法国最最重要的四个神奇的词语是："Bonjour"（你好），"au revoir"（再见），"s'il vous plait"（请），"Merci"（谢谢），而且法国妈妈非常强调孩子的独立性，不管是别人来家里做客还是去别人家做客，都十分坚持强调孩子亲自说出"Bonjour""au revoir"（你好，再见）。而在美国，小孩通常是在大人的庇荫下，家长打招呼说再见了，小孩子就不必单独和成人打招呼说再见的。在法国人看来，孩子不会说"你好""再见"，就是没有教养的表现。

整体上来说，法国妈妈更加注重规则、秩序感，她们认为家长不仅需要拥有一家之主、我说了算的权威，而且需要成为规则、秩序的制定者和遵守者。

如何培养高情商的孩子

第一节　什么才是最珍贵的?

▶ **生活情境 1:**

　　2 岁的贝贝躺在地上大哭起来了,因为他没有拿稳杯子,不仅把杯子打碎了,而且把杯子上的水洒在了妈妈的电脑键盘上。他的妈妈对着他大吼了一番。可是,贝贝并不是故意的。

▶ **生活情境 2:**

　　5 岁的本杰明把家里的花瓶打碎了,这个花瓶是他爸爸从巴黎开会时带回来的,当初买下来的时候,花了 3000 多欧元。爸爸下班回来之后,狠狠地把本杰明教训了一番,并告诫他下次不能再发生这样的事情了。

　　相信这样的生活场景在现实生活中非常常见。

　　父母对孩子此类行为最普遍的反应是:就像要投入战斗似的摩拳擦掌,凶神恶煞般对待孩子,忘记了到底什么才是最珍贵的。花瓶被孩子打碎了,杯子被摔在地上,衣服在客厅里被拖来拖去,玩具丢了,电脑弄坏了,我们对孩子的第一反应通常是：大声喊叫，暴跳如雷，甚至不惜体罚伤害自己的孩子。

但是，如果换一个对象，假如是客人来了，不小心打翻了牛奶，我们会赶紧满脸微笑着说，不要紧不要紧。然后马上拿抹布擦干净。我们把花瓶、客厅的沙发、电脑或者贵重的花瓶看得比孩子还重要。

但是，为人父母，需要经常提醒自己一个问题："对我们来说，什么才是最珍贵的呢？打翻牛奶和打碎孩子的自信，哪一个更为严重？"

这是我们对孩子采取行动前需要问的第一个问题。

毕竟作为父母，我们都是成年人，拥有成熟的大脑和心智模式，能够控制自己不做出条件反射般的反应，能够根据自己的价值观和目标来选择行为方式，但孩子的大脑无法做到这些。

如果我们的回答是："对我们来说，最珍贵的是对孩子无条件的爱，是孩子的自信，或者是，在孩子面前我们永远维持平和冷静的榜样的力量。"那么我们就会从孩子的角度出发，在接纳孩子的情绪的同时，通过冷静、平和说理的方式保护孩子的自尊和自信。

如果我们的回答是："对我们来说，最重要的是我婆婆如何看待我，家里的东西是否完整无损，还有我自己能否得到一份安宁。"那么我们就会对孩子的表现和行为采取说教、吼叫或者斥责，来展现自己作为父母的权威以及地位。

但是不要忘记，孩子能够感觉到我们潜意识的想法！对孩子来说，父母的行为比语言更有意义。

如果你因为孩子打破杯子、弄脏衬衣而气势汹汹地训斥、责骂，甚至体罚伤害他，他就会认为杯子或衬衣比他更加重要。

而在另外一个场合或时间（通常是孩子表现乖巧的时候），你又对他轻言细语地说："我爱你，我的小宝贝"，他就会将你的行为所传达的信息理解为："我对妈妈来说一点儿也不重要"，或者说，"我只有表现完美乖巧的时候，妈妈才会喜欢我"。

作为孩子，需要感到自己是珍贵的，有自己存在的价值。孩子的情感表达（哭闹、恐惧、伤心）需求和他的存在一样，都需要被重视，这一点很重要。

因此，父母需要有意识地注意自己对待孩子的方式，这样才能从根本上改变我们的行为。我们要看中孩子的需求，把孩子放在首位，尊重孩子，但这并不意味着我们要"听之任之"或者"在他损坏或者摔碎某样东西时，什么都不要说"。

我们需要做的是，在表达自己的感情的同时，也继续深爱他并表达自己的爱。

我自己曾经有一个很漂亮的手工制作的漂亮玻璃杯，这个杯子是一个朋友送给我的，其表面镶嵌有我们全家的照片。有一天下午，在我不注意的时候，我儿子自己搬起一条凳子，踩在凳子上，把玻璃杯拿下来，然后松了手，玻璃杯在厨房的地板上瞬间变成了碎片，我心里不禁"咯噔"了一下。

但是我自己清醒地提醒自己，把孩子放在第一位，把爱传递给孩子才是我的目标，我想要向孩子传递的信息是："我对你的爱是无条件的，你可以完全信任我。"

所以我只是告诉他自己很生气，却没有责怪他。我一边安抚他的情绪，一边讲述自己的感受，而没有指责他；我表达了自己的情绪，而没有对他的行为作出评判。而反过来，如果我对他大加训斥，责怪他冒失粗心大意，对他大吼大叫，结果可能是他感觉非常糟糕，可能会产生对他身心不利的羞耻感或者罪恶感。

事实上，众多心理学研究也表明，一个感受到他人重视的孩子会更关注他人，他会更加在意自己的行为可能造成的后果。因为他不再担心自己会"犯错"，而会尊重他人的情感，也会产生一种责任感。

第二节　对孩子行为摇头，对孩子点头

▶ **生活情境：**

一个文具盒被扔出了教室，里面的文具散落了一地。

莫名其妙的，一个 7 岁男孩在学校被另一个男孩绊倒了。

另一个男孩哇哇大哭。

老师过来了，问："是谁做的？"没人敢发出声音。

老师喊了几个同学过来，一个一个挨着问话。

叮铃铃，叮铃铃……电话响了，这是这个月你第三次接到班主任的"投诉"电话了……

　　反躬自省：在管教孩子这个问题上，你是否愿意动脑筋想想有没有其他办法？某种能够帮助孩子立即表现良好，并且从长远来看，能够让他们变得更加快乐、成功、温和、可靠和自律的优秀人才的方法呢？

　　有效的管教应该包括两个目标：短期目标和长期目标。

　　短期目标是：让孩子们听话，去做对的事情。孩子蛮不讲理拒绝做作业的时候，在餐厅乱扔食物、乱跑的时候，我们肯定是希望他们听话一点，合乎我们的期望，举止礼貌，完成作业，仅此而已。

　　长期目标是：培养孩子的自控力和道德判断标准，开发孩子灵活应对各种复杂情境、约束负面情绪以免失控的能力。使得孩子将来成长为善良可靠的人，他们因自身的美德，享受成功的人际关系和有意义的生活。

　　高效的管教不仅是制止不好的行为、提倡好的行为，还包括教会孩子们各种能力，以及在孩子的大脑里建立各种连接，以使其将来能够更好地

决策和自我决策。

如何实现目标：对行为摇头，对孩子点头。具体实现路径可以通过情感连接以及理性引导，创造性地解决问题。

（1）与孩子进行情感连接。我们所做的每一件事情都要从亲子关系出发，暴怒和吼叫对谁都没有好处。大吼大叫只会让孩子离我们远远地，而我们自己留下的，则是内疚和自责。

如果你的3岁女儿正在发脾气，请记住她仅仅是一个小孩，她控制身心的能力有限。而你的职责是做好你们这段情感关系当中的大人。你对孩子的行为作出反应的方式会对整个局面的走向造成重大的影响。

比如，孩子很想吃一根巧克力冰棍，而你并不想让他吃，因为今天不是吃糖果的日子。

孩子大哭大闹不肯罢休。你可以对他说："我知道你真的很想吃一根巧克力冰棍，但是我不会改变主意的。你可以哭，可以伤心失望。而在你难过的时候，我会陪伴你，安慰你。"

（2）在理性引导之前，我们自己应该尽可能检视我们自己，保持平静，继续向前。由上脑发出的暂停指令反过来也可以增强上脑的力量。如果我们可以向孩子展示这种能力，他们更可能靠自己去掌握这些能力。

就如教育家鲁道夫·斯坦纳（Rudolf Steiner）所说，孩子不是学你说什么，甚至不是学你做什么，而是学你真正是什么样的一个人。

（3）等孩子平静之后，对孩子进行理性引导，并共同创造性地处理问题。具体策略如下：

理性引导策略之一：少说话

在与孩子互动的过程中，一方面，家长经常会觉得有必要指出孩子哪里出错了，并点出哪些地方需要改进；而另一方面，随着孩子渐渐长大，他们通常也明白自己哪里做错了，他们最不喜欢的就是家长的冗长说教。

和可能还不知道好坏的年幼孩子相处，少说话变得极为重要。通常来说，他们还没有接受冗长说教的能力，所以我们还是少说话为妙。

理性引导策略之二：接纳孩子的各种情绪

面对孩子的不当行为最重要的一点是，即使我们必须对孩子的行为说不，但是也得对他们的愿望说好，并且引导他们去做出适当的行为。

家长需要了解，孩子的情绪、感受没有好坏、对错之分。

生气、难过、恼火都没有错。我们接纳他们的情绪，不代表同意他们这么行动。所以我们可以传递给孩子的信息是："你可以想所欲想，但是不能为所欲为。"

与其压制孩子的情绪，比如对孩子说："哦，妈妈知道你并不讨厌哥哥，你喜欢哥哥，对吧。"不如说："我知道你现在觉得自己是讨厌哥哥的，妈妈能够理解你的情绪，但是我们还是看看有没有别的方式来表达这种情绪吧。"

当我们认可孩子的情绪，辨明他们感受事物的方式，真的站在孩子视角去观察事物时，他们神经系统中的叛逆性就能够恢复平静并得到调节。等他们回到理性，就会有能力管好自己，听进去我们的话，并作出明智的决策。

相反，如果我们对孩子的情绪说不，他们就感受不到尊重和倾听，更容易情绪崩溃或者封闭情感。我们要让孩子深信，即使我们正在教导他们区别行为的对错，他们的感受和体验也始终会得到认可和尊重。

如果孩子能够从进行理性引导的家长身上学习到这一点，那么他们就会更加愿意合作，并听从父母的教导。

理性引导策略之三：让孩子参与管教的过程

与其长篇大论地说教，不如将孩子纳入谈话内容和互动过程当中。

比如孩子每天做功课都拖延到很晚，家长可以按照这个思路走："我注意到你每天都要学习到晚上10点半才能完成作业，因为你习惯在玩很久之后才开始做作业，但是这样导致睡觉时间太晚了，我们需要给出新的方案，对此你有什么主意吗？"

让孩子参与管教过程的好处就是，你会发现他们经常能够提出一些你想不到的好点子。而且因为解决方案是他们自己提出来的，他们会更乐意去执行自己的想法和建议。

理性引导策略之四：用有条件的肯定表达反对的意思

想一下，如果你想买个苹果手机，对你的先生说起这个要求。他直接来个"不"，而且配上严厉且轻蔑的眼神。你会如何反应？

对于孩子来说，直接说不，很容易自然而然激活他们大脑的逆反状态。

大脑的逆反性会导致打斗、逃跑，或者是昏厥。

反过来，鼓励性的、肯定性的叙述可以调动他们的社交回路，可以让他们的大脑变得更加愿意学习和接纳。

比如，与其直接说："不行，我们不能在公园玩了，天马上就黑了。"不如将这个"不"组织成为一个带附加的条件的"好"："妈妈知道你还很想继续在这个公园玩，我们下周六上午再来好吗？"

理性引导策略之五：着重于积极的东西

与其聚焦你不想要的东西，比如孩子身上负面的行为或者言语，比如："不要再发牢骚，抱怨啦！"不如引导孩子往积极的一面走："我喜欢你用正常的语调说话的样子，请用你那有力的、男子汉的语调再问我一遍，这样我才听得见。"

理性引导策略之六：创造性地处理问题

运用我们的创造力和想象力，运用游戏的力量来引导孩子配合行为。

因为，大脑总是喜欢新奇的东西。对于那些新奇独特、突发迥异的东西，大脑的注意力立马就被吸引过去了。

如果我们能够用不同的、诙谐幽默的方式与孩子进行互动，那么就能够和孩子进行更多的情感连接。

你没有必要成为外在事件或者内在情绪的受害者。你可以使用自己的大脑去管理自己感受、认知和实施行为的方式。帮助孩子渐渐学会表达自己的感受，说明自己是如何看待这个世界的。

第三节　做温和而坚定的父母

一天早上，6岁的儿子一起床就一直在听"小米兔"的"西游记"。听了3个小时，要到上午的学习时间了，还是不肯放下"小米兔"过来学习。好说歹说，怎么都不肯，感觉就像着魔了一样。

我一时头脑发热，失去耐心，强制关掉了他的"小米兔"。6岁的儿子像一头发了疯的小狮子一样，又吼又叫，两个小拳头不停划动，向我冲来。想让他平静下来，他不肯。后来我和他两个人打起来了。

儿子一边哭哭啼啼，还一边大喊："我觉得我的妈妈真的是世界上最坏最坏最坏最坏最坏的妈妈，我的妈妈真的是一个坏妈妈，最坏的妈妈……"两败俱伤收场之后，我一边自我反省冷静，他也逐渐恢复平静，一个人看书去了。

我不禁感慨，世界上最远的距离，不是我和你之间的距离，而是我们自己的手和脑之间的距离。要做个好妈妈真的不容易，但是我相信好妈妈就如好员工一样，需要每天不断学习，培训修炼。大脑理性层面都知道，要坚定和和善，正面管教，自己先管理好自己的情绪。但是感性一上来，育儿理论抛到九霄云外，大脑里面的本能冲动蜥蜴脑占主导位置。

记得我在美国安娜堡的时候，曾经有一个邻居，她是北京一个三甲医院的护士长，带女儿一个人在密歇根大学医学院学习。她曾经问过我一个问题："你会不会打孩子啊？"我说："偶尔吧，实在气不过了，有时候也会打。"她说："你知道吗？我打孩子打得特别狠，经常把我女儿打得身上条条血痕。"

我当初心里还"咯噔"了一下。心里想，真打也应该是打打屁股一类的吧。

身边还有一个朋友也是三甲医院的主任医师。他孩子7岁。孩子做作业经常磨磨唧唧。有一次聊天，他说在他们家他儿子被打也是家常便饭。尽管时代进步，科技迅猛发展，但是我们的育儿还停留在30多年前的"不打不成器"的阶段。

我们应该反思一下自己：为什么伤害动物叫虐待，伤害成年人叫殴打，而伤害孩子却叫作管教呢？许多父母包括我自己也逐渐意识到了打屁股是没用的，打屁股只能起到一时的警戒作用，却会带来一连串的潜在恶果。

（1）打孩子是在唆使孩子使用暴力。父母是孩子的榜样。一个打孩子的家长如何教育孩子不去打他的兄弟姐妹呢？我们如何对待孩子，他以后就如何对待他的兄弟姐妹和同学。打孩子给孩子的教训是"用拳头说话"，孩子学会的就是用暴力去解决问题。当你的孩子长大以后，你是希望他用对话的方式解决问题还是用武力的方式呢？

戈登·兴格莱（Gordon B. Hinckley）曾经说过，"我深信暴力的父亲只会教出暴力的儿子，不要对孩子动粗"。研究人员谢尔顿（Sheldon）研究了犯罪少年和正常孩子之间的差异，研究发现，违法犯罪的苗头早在孩子头三年时就有所体现，早在他们接触到家庭以外的不良影响之前。

研究还发现，脾气暴躁、缺乏耐心的父母由于管束不了孩子而采取暴力的手段，导致子女也变得有暴力倾向和具有攻击性。这种暴力行为发生得越早，性质就越严重，后果就越可怕。他们还发现，从小在关爱和鼓励的家庭氛围当中长大的孩子，出现反社会行为的概率较低。

（2）打孩子会伤害他们的自尊心。你还记得你自己小时候被打之后的感受吗？你是不是感到愤怒、难过、悲伤、困惑呢？你甚至可能觉得爸妈并不爱你。尽管父母们并不希望让孩子产生这样的感受，但是他们的行为却往往造成这样的后果。就像我儿子被我打了一样，他从心里认为，他的妈妈是世界上最坏最坏最坏的妈妈了。但是很多父母会说："我小的时候经常被父母亲打，不是照样好好的吗？"如果你小时候挨过打，而仍然是一个优秀的人，这绝不能说明你是受益于小时候的挨打。并非所幸如此，而是所幸没有造成恶果。

（3）没有暴力只有呵护的环境才最有利于孩子发育。幼儿时期是大脑发育的敏感和关键时期。体罚所引发的恐惧会对儿童的大脑功能产生不良的影响。马丁·泰切尔博士（Dr.Martin Teicher）指出，"我们研究发现，在大脑发育早期遭受过忽略和压力的动物在成年后更容易恐惧、焦虑和紧张。我们认为人类也是如此"。

不能打孩子，那该怎么办？父母是孩子道德、品行和同情心方面的最好的导师。如果你想让你的孩子带着宝贵的生活技能迈入成人世界的话，就要教会他们自我激励的意义、如何与人协商、在必要的时候妥协以及用和平的方式顺利地解决矛盾。

（1）先弄清楚你自己的"心结"在哪里，以确保自己不会把怒气和烦躁趁机发泄到孩子身上。

（2）如果你发现自己火气太大而无法冷静地教育孩子，就找个地方先给自己"降降温"。

（3）从婴儿阶段就开始引导孩子并适当约束。

（4）经常和孩子沟通你的想法和感受。尽量用叙述语气描述并讨论你目睹到某些事物的感受，如："妈妈看到玩具被扔到窗外了，妈妈觉得很失望，因为需要费很大力气才可以捡回来！"

（5）关注并包容孩子的感受，同时也要设定限度。为孩子提供选择的机会，转移孩子的注意力。

（6）言行一致，说到做到（承诺过的事情一定要做到），如果你的孩子做到了言而有信，就要给他鼓励。

（7）给孩子提供一段"反思的时间"或者是"冷静的时间"，如果是3岁以上的孩子，可以和他一起聊聊刚才的行为，并问他下一次是不是可以做得更好。

（8）提供解决方案或者引导孩子思考解决方案——有时候孩子可能确实不知道该怎么做，他需要你的指导。

艾菲·科勒（Afie Kohn）在《无条件养育》（*Unconditional Parenting*）一书中指出，同情孩子能够加深和巩固亲子关系。同情是正确育儿的基础，父母越是理解孩子，他们之间的关系就越亲密，孩子也就越听话。幼儿调节情绪的能力有限，需要有一个有爱心的成年人去理解他们、安慰他们、引导他们。

第四节　用共情接纳理解孩子的情绪

带娃是世界上最辛苦的工作，没有之一。有一次，我一个同学生二胎，我跑过去看她，那时候她家老大6岁，放在老家给爷爷奶奶带，我问她为什么不放在身边带，她说："怀二胎很累，觉得带女儿在身边很烦。"我问为什么呢，她说："因为孩子经常无理取闹发脾气，弄得她心情很糟糕，拿孩子一点办法都没有。"她问我："不觉得孩子很烦吗？"我说："还好，其实掌握了沟通方法，孩子还是会听的。"于是和她谈起了我之前带儿子去日本旅游时的一个经历。

我儿子20个月的时候，我们带他一起坐飞机去冲绳岛上度假。到了目的地之后，我们叫醒了他，他睡了还不到一个小时，醒来的时候他被周边的环境吸引了，四处张望，并没有表示任何不满。因为需要等待飞机上的行李，我们就在机场内的一个商店逛了一会，打算买几本杂志。

很快，他就看中了一袋在我看来添加剂和化学成分太多的糖果。我不想给他买，试图和他商量，并向他提出了其他的替代品，比如小汽车、小摩托车，但是都无济于事。

他在地上打滚，大喊大叫。我想碰他，但是他却双脚乱踢乱叫，完全

"失去了理智"。

我从来没有见过儿子耍赖成这样。

我该采取什么态度呢？

给他买一袋糖果，这是一种解决方案，但这种方案在我看来比任何其他选择都更具有破坏性。

一方面，糖对他的牙齿和身体毫无益处，而更关键的是，他的怒气如此强烈夸张，这很可能和糖果没有关系。其实，他喊叫着要糖果的时候，已经快要发火了，因为他没有睡够，所以对任何挫折都无法忍受。

有经验的父母都知道，孩子筋疲力尽时就容易大发脾气。

因为在那个时候，即便是最小的挫折，他也没有力气去处理。他感受到自己身上有一种难以名状的疲惫和不舒服感，并且为此寻找原因。

他可能紧抓住一些小事情作为发泄的借口，比如他想要糖果，他不喜欢吃面条，他很想玩妹妹手里的玩具，汤不好喝，等等。他得找到一个理由，这样他就可以将自己的能量定位并把它释放出来。

对待孩子大哭大闹、大发脾气，我们作为父母不假思索的做法和反应，通常会是什么呢？

1. 贴标签式的说教、劝告

"在公共场合，你不能无理胡闹。"

"糖果里面添加剂很多，会把你的牙齿蛀掉的。"

"你是大宝宝了，怎么这么不懂事？"

"你怎么这么小气，玩具要和小朋友一起分享啊。"

"你这样很不乖，你要学会尊重别人。"

2. 警告、训诫、威胁

告诉孩子如果他做某件事会有什么后果：

"如果你那样做，以后妈妈再也不带你出来玩了！"

"你再闹，以后就不给你小熊饼干吃了。"

"你如果再哭闹，妈妈就不理你了。"

"如果你再这样闹，我们就不能出去玩了。"

3.命令、指挥、控制

"不许那样和妈妈说话！"

"不要再无理取闹了！"

"不准哭，男子汉大丈夫，哭什么哭呢？"

"现在马上收拾好玩具，回去屋子里做作业！"

4.评论、批评、责备

"你看你怎么这么不小心啊？把好好的牛奶都洒在地毯上了！"

"你比妹妹大这么多，为什么要去抢她的玩具？你这样做是不对的。"

"你这样做太危险了，以后绝对不能这样。"

5.调查、质问

"你为什么不喜欢上英语课？"

"你为什么要去抢别人的乐高玩具？"

"是谁让你这么做的？"

6.回避、分散注意力

"好了好了，不要哭了，我们去玩其他的玩具吧！"

"不就是一个气球吗？破了就破了，有什么好哭的，爸爸下次去超市给你买一个就好了。"

"不要和妈妈无理取闹，妈妈很忙，你自己去找点别的事情做好了。"

但是，当我们以这样的态度或者语言面对一个无理取闹、大发脾气的孩子的时候，会发现，孩子不仅没有停止哭闹，有些时候，反而哭得更伤心，闹得更凶了。

在孩子大哭大闹的时候，父母命令、训斥、责备、质问孩子显然是不合适的，因为孩子还没有足够成熟的心智去表达自己的情绪，他们唯一的途径是哭闹和喊叫。

而做一个有觉醒的理性的父母，我们需要学会用共情、接纳的方式去理解孩子的情绪。

1. 包容孩子的情绪

有时这很难做到。尤其是孩子在大庭广众之下大哭大闹、大喊大叫的时候。但是我们需要记住，孩子就是孩子，幼儿没有办法调节自己的情绪，这种能力需要慢慢培养。另外，幼儿很容易因为疲倦或者累积的紧张感而失控。

我们作为成年人，首先需要做的，是让自己内心保持平和、冷静，我们需要练习控制自己的情绪，不要因为孩子的哭闹而引发自己的粗暴冲动的行为。

所以，当我儿子在冲绳机场大发脾气的时候，我就陪着他，始终在他身边看着他。等到他不再打滚、大哭大闹的时候，我抱着他，帮助他稳定自己的情绪，对他说："我很抱歉，我们选择了一个你很犯困的时间乘坐飞机，并没有考虑到你要睡觉，如果你愿意，我们可以待会在去酒店的大巴上再继续睡一会儿。"

2. 接纳孩子的情绪，帮助他用语言把情绪表达清楚

我们可以根据具体情况，通过一些短小的句子来鼓励他表达自己的感受。

比如蹲下来，看着孩子的眼睛说话："你现在很伤心是吧。"

"你的乐高玩具被其他小朋友推倒了，所以你很难过。"

"妈妈明白你现在很生气。"

"你觉得妹妹的蛋糕比你大，你感觉到不公平。"

"你很生气，因为你本来想跟着我们一起走。"

不要担心孩子太小听不懂你的话，其实孩子对父母的共情、理解、接纳的语言的理解能力和感受远远超乎我们的想象。

3. 对待年龄小一点的孩子，我们需要拥抱他，和他进行身体上的接触

2 岁的孩子生气哭闹起来会非常厉害，而且声音很大。

如果你试着碰碰他，他就会暴躁地推你。

如果你稍微离他远一点，他就会哭得更加厉害。

甚至他还会追着你，咬你，打你。

其实，很多时候，他是想和你进行身体上的接触。

你只要别让他弄疼你，留在那里陪着他，关注着他就好了。

一旦孩子的情绪完全释放完了，你可以温柔地把他抱在怀里。

慢慢地，他就会接受你温柔的爱抚并安静下来。

孩子就是这样建立起安全感并渐渐降低愤怒的频率的。

在查普曼博士（Gary Chapman）的《儿童爱的六种语言》(The 6 Love Languages of Children: The Secret to Loving Children Effectively) 一书中，曾提及"身体的接触是沟通情感的一种方式。在儿童发展方面，无数的研究得出了这样的结论：有人拥抱、有人亲吻的婴孩，比那些长期没人理会、没能接受身体抚触的婴孩，在情绪发展上会更健康。"

4. 不要做任何评判，倾听并尊重孩子的愤怒情绪

我们需要记住，愤怒能让孩子感觉到他自己内在的力量，同时愤怒也是一种需要陪伴的生理反应。

孩子在地上打滚胡闹其实是在表达自己的弱小无能。

如果我们容许他表达自己，让他喊叫、大闹，他就能慢慢重新接触到自己的力量。

在孩子大声喊叫的时候，孩子会感觉到自己的全身因为愤怒而颤抖着。

对孩子来说，这个体验自我的时刻非常重要。

我们需要"不加任何评论指责"地由着他，不要做任何评判！

我们倾听并尊重他们的愤怒情绪就已足够。

5. 对待年龄大一点的孩子，可以让他单独到一个房间大声喊叫

如果怒火淹没了孩子，让他失去了控制，可以建议他到另一个房间，可以是卧室、客厅或者卫生间发泄自己的情绪。

当我们家老大4岁多的时候，有时也会无理取闹、大发脾气、大声喊叫，我通常会抱着他到卧室，温和地对他说："在这个房间里你可以大声哭闹、喊叫，甚至捶打枕头，直到你感觉好一些了再出来。"通常老大在屋子里自己发泄个十来分钟，就能够自己冷静下来。

用这个办法让孩子自己发泄，父母一定要注意自己的语气，如果父母是采用盛气凌人、气急败坏的口吻对孩子说："去你的房间冷静一下"，这样会让孩子感觉你是在用孤立隔离来惩罚他，而不是完全接纳他当下的愤怒情绪。

父母接纳孩子是一回事，但是孩子是否感觉到被接纳又是另外一回事。

因此，父母需要学习如何使用接纳性语言，才能让孩子确知父母接纳他。接纳就像是肥沃的土壤，肥沃的土壤能让种子萌芽、成长、开出有魅力的花朵。孩子就像是种子一样，蕴含着成长的能力。接纳就像土壤——它能够使孩子发展并实现自己的潜力。

让我们对孩子多一些共情和理解，多用接纳性语言让孩子感受到我们对他们的爱。

第五节　运用规则让孩子们和平共处

　　就我们家而言，自从我家二宝开始会走路、说话之后，我们家基本上每天都上演着兄妹玩具争夺大赛。不是哥哥哭，就是妹妹闹。

　　老大和老二差 2 岁。谁都不肯谦让谁。相信这样的生活情境对于很多俩娃家庭来说都不陌生。

▶ **生活情境 1：**

　　5 岁的大宝用乐高积木建成了一个很长很长的小火车。

　　3 岁的小宝在堆一个乐高的房子，其中少了一块红色的积木，看到了大宝火车上有很多块，直接拆下来一个，结果大宝哇哇大哭起来了……

▶ **生活情境 2：**

　　平衡车是大宝的，大宝很久都不玩了。

　　有一天，小宝拿着平衡车过来玩了。

　　大宝把小宝推倒在地，直接把平衡车抢走了。

　　小宝坐在地上，哇哇大哭起来了……

▶ **生活情境 3：**

　　大宝在玩托马斯，小宝也很想玩，一直在旁边哀求，大宝就是不愿意分享。小宝哭着跑向了妈妈，说："妈妈，哥哥不分享。"

▶ **生活情境 4：**

　　家里来了客人，客人是邻居家的 3 岁小宝小米粒和她妈妈。大宝正在玩三轮车，小米粒也很想玩，不管妈妈怎么劝说，大宝就是不愿意分享三轮车给小米粒玩……小米粒在旁边哇哇哇大哭起来了。

面对孩子们的各种争夺吵闹，作为 80 后的宝爸宝妈，我们通常是如何应对的呢？

▶ 做法 1：

爸爸看到老二哭得非常非常伤心，就对老大说："这个玩具你已经玩了很久很久了，你现在可以分享给妹妹玩了吧？"

老大说："不行，我还没有玩够。"

爸爸说："你是哥哥，你要学会让着妹妹，你要学会分享玩具，玩具是买给你和妹妹一起玩的啊！"

这个时候妹妹哭得更加伤心了，爸爸看到妹妹这么伤心，不由分说地从哥哥手里夺过来玩具，递给妹妹，妹妹停止哭泣。

但这个时候，老大又开始大哭起来了……

▶ 做法 2：

爸爸对老大说："玩具要一起分享啊，你们轮流玩吧，你先玩 5 分钟，待会再给妹妹玩 5 分钟，妹妹玩好 5 分钟之后，再给你玩 5 分钟。"

又补充一句："我去拿个计时器过来给你们计时好了。"

滴答，滴答，5 分钟时间马上就到了，哥哥还是不肯分享。

妹妹又在一边伤心地哇哇大哭起来了。

宝爸又对老大说："我们制定玩玩具的规则，就是先玩的人可以玩 5 分钟，后玩的人可以玩 10 分钟，你是愿意先玩还是后玩？"

老大还是不乐意地回答道："这些玩具本来就是我的，我为什么要分享给妹妹玩？我讨厌妹妹，不喜欢妹妹！"

妹妹在旁边哭得更加厉害了。

针对父母的这两种做法，孩子们从中学到了什么呢？

①如果父母强制老大分享，强行把玩具给了老二，老二就会觉得其实只要我哭得足够大声，我就能够得到自己想要的东西，哪怕这个东西别人正在玩。

②大人才拥有玩具的处置权，大人能够掌控谁玩这个玩具、玩多久，我只要表现得极度想要玩这个玩具，妈妈就会帮我得到。

③我要快点儿玩这个玩具，因为玩不久，立马就要还给哥哥玩了。

④我不喜欢我哥哥，因为我和他总是处于对立竞争，玩具如果他在玩，我就不能玩。

结果我们会发现，当我们父母以救火队员式的权威裁判去解决孩子们之间的玩具纠纷的时候，不仅不管用，而且很多时候适得其反，孩子们不仅没有学会慷慨分享，而且每天仍旧为争夺玩具而哭闹不已，争吵不止。

有了孩子之后，孩子就是我们永远的功课。家里俩娃的哭声、闹声、喊叫声不绝于耳。我先后读了爱德拉·费博（Adele Faber）写的《如何处理兄弟姊妹纠纷》（*Siblings Without Rivalry: How to Help Your Children Live Together So You Can Live Too*）和哈尔斯·舒克（Heather Shumaker）写的《你可以不分享：如何培养有能力、有热情的孩子》（*It's Ok Not to Share: and Other Renegade Rules for Raising Competent and Compassionate Kids*），以及福斯特·科林（Foster Cline）写的《成为友爱理性的父母》（*Parenting with Love and Logic*），在此分享几点自己觉得有效的理论原则和实用方法。

1. 儿童有物权敏感期，父母不要着急强迫孩子分享

在2岁左右，孩子开始对物品的所属权变得敏感，他们喜欢说："这是我的""那是我的""我的东西你不能碰"。

这意味着他们进入了物权意识的敏感期。

在这个阶段，父母要尊重孩子，孩子的东西一定要孩子做主。

对于孩子来说，父母强制性地分享，其实就是"掠夺"，每个孩子都拥

有不分享的权利。

可以反复对孩子说："这个车子是你自己的，别人不能抢你的；那个小兔子布偶是小萝卜的，你也不能抢她的。她要想玩你的车，必须经过你同意，你不同意，她不能抢；你要想玩她的小兔子，也要经过她同意，她不同意你也不能抢。"

让孩子学会分享的前提是让他首先体验到拥有。

慢慢地，孩子就会有正确的物权意识了，当他充分体验到自己的玩具自己做主以后，就会有安全感了，接下来就会发展出交换玩具的行为，慢慢地也会发展出分享的品质。

2. 让孩子们自己统一战线

当孩子们在玩耍时发生了争执，绝大多数父母都会试图寻找错在于谁，并试图惩罚挑起祸端的孩子。

但是，这种做法并不好。

一方面，孩子之间的争执不能分清谁是谁非。例如，可能是 A 先激怒了 B，导致 B 率先动手。这时，算是 A 的错，还是 B 的错呢？这就很难说清楚了。

另一方面，当责备或惩罚其中一个孩子时，实际上是教会了另一个孩子，如何让自己的朋友陷入麻烦，毕竟他们几秒之前可能还是能在一起好好玩的朋友。

下一次，他可能会采取同样的办法，让朋友被惩罚。这是典型的"扮演受害者"。

所以，更好的做法是让孩子们统一战线。

例如父母可以告诉他们："你们要想继续玩，就不能再这样打闹了，否则，你俩就各自到一边去玩。你俩自己商量，该怎么办。"

3. 帮助孩子们进行自治型轮流分享

具体做法如下：

（1）将家里的玩具进行分类。

一类是专属于大宝的玩具，比如托马斯、遥控小汽车、小飞机；

一类是专属于小宝的玩具，如所有有米老鼠标记的乐高玩具；

一类是可以一起玩，需要一起分享的公共玩具。

（2）针对各自的专属玩具，他们有完全的控制权。

想要玩对方的专属玩具之前，必须先征询对方的同意。

如果哥哥没有经过妹妹同意就拿着妹妹的玩具玩了，那么如果妹妹想玩，必须还给妹妹，让妹妹玩。

（3）针对可以一起玩的玩具，建立"自治型轮流分享"规则。

什么是自治型轮流分享机制呢？

就是公共玩具，谁先拿到谁先玩，先玩的孩子可以决定玩多久、决定什么时候分享给其他孩子，但是玩的时间不能超过一天。第二天，公共玩具还是谁先拿到谁拥有自治分享权。

对待在等待的孩子，父母告诉他们：他们可以自己去问，哥哥什么时候玩好。父母可以陪着他们一起等待。

如果老二在等待时哭泣、喊叫、闹腾，父母安静陪着他们，让他们学会等待，或者转移他们的注意力，让他们玩其他玩具或者手工。

发展心理学家很早就发现，其实对付孩子无理取闹最好的办法就是转移注意力，因为他们的注意力广度很短，只要立刻把他带到一个新奇的情境去，"眼不见，心不烦"，他被新东西吸引之后，就不哭闹了。

针对大一点的孩子，可以让他们自己动手，做做手工，因为有研究发现，动手是转移孩子注意力最好的方式。因为动手可以促进大量神经的链接，使他专注在眼前，于是就忘记过去了。

对于孩子的玩具分享，父母如果运用"自治型轮流分享"机制，孩子可以从中理解到什么呢？对孩子而言有什么好处呢？

（1）我可以向别人请求我想要什么，有时可以很快轮到我玩，但有时需要等待很久。

（2）哭是可以的，但并不是我一哭，就立马可以得到想要的玩具。

（3）并不是我想要什么，就可以得到什么。但有时我可以得到其他更好的东西。

（4）当我伤心难过时，妈妈会理解并帮助我，陪伴我一起度过难过的时刻。

（5）我并不需要带着哭腔不断哀求父母强制分享玩具，每个人迟早会轮流得到玩具。等到轮到我玩这个玩具的时候，我想玩多久就可以玩多久，我可以自己决定不玩的时候再分享。

4. 教孩子们使用语言沟通，并遵守规则

当孩子们违反规则时，家长首先要积极暂停，然后重申原则，最后鼓励他们自己解决问题。

父母可以单独把孩子叫到房间里，通过温和耐心的谈话和引导，告诉孩子下次如何才能更好地遵守规则。而不是当着其他孩子的面，大声呵斥孩子。

此外，给孩子制定规则之后，父母自己需要保持前后一致，教孩子们学会用语言沟通，并教孩子们如何遵守规则。

这个沟通的过程可能会很漫长，也充满了曲折，大人在一旁需要做的就是，在孩子寻求帮助的时候再给予鼓励，但是绝不主动代劳。

第六节　提升孩子自控力的方法和途径

在孩子学龄前阶段，很多父母最感兴趣的可能是，如何从小培养孩子的自控力，避免将来上学了还需要天天督促孩子，劳神劳力，结果孩子学习还是不自觉。已有研究表明，自控力强的孩子在自信心、抗挫力、人际关系、学业成绩等方面会更好。自控力并不是天生的，可以通过后天学习培养。借助以下几个小方法，可以帮助孩子提升自控力。

1. 父母信守承诺，奖励延迟享受

继棉花糖实验之后，后期有许多修改版的跟进实验，其中一个比较有名的是塞莱斯特·基德（Celeste Kidd）的关于信任的实验[2]。在这个实验里，基德把 28 个小朋友随机分成 A、B 两组，每组 14 人。然后在做棉花糖实验前，让研究人员分别与两组小朋友做游戏。

在做游戏时，研究员给了两次承诺。A 组的研究员两次都信守承诺，而 B 组的则两次都食言。结果在棉花糖实验中，A 组的小朋友有 9 个等了 15 分钟，拿到了第二块棉花糖；而 B 组的小朋友只有 1 个等了 15 分钟。

这个道理其实很好理解：如果孩子不相信你会信守承诺给他第二块棉花糖，他为什么要白白等那 15 分钟？对他来说，最佳的选择就是直接吃掉第一块棉花糖。

很多家长在孩子哭闹时为了图一时省事，给孩子开了空头支票（比如"你乖乖坐着等我 10 分钟，马上带你去公园坐小火车"），然后等手头的事一忙完，马上食言或者换了一个相对小得多的奖励（不去公园坐小火车了，就在小区里转转）。

这些家长以为骗骗小孩子无伤大雅，其实是在一点一点地蚕食孩子对

他们的信任，并使孩子在潜意识里树立起"延迟享受"不如"现时享受"的观点。

这不仅容易使孩子的自控力受到负面影响，而且会使孩子将来更难管教。适度的惩罚和奖励都是短期内能快速改变孩子行为的管教手段，但如果孩子已经在潜意识里对你的承诺不再信任，他避免惩罚和获得奖励的动力都可能减弱。

所以，要提高孩子的自控力，家长的一诺千金就是"道"，而其他的训练方法则是"术"。如果家长自己不能做到言出必行，而只是花时间去尝试各种方法来训练孩子，是重"术"轻"道"，舍本逐末，很难有什么令人满意的效果。

2. 玩与直觉或习惯相反的游戏

有一个很简单的游戏叫"红灯停、绿灯行"，适合几个 3 ~ 4 岁的小孩一起玩。估计各位 80 后的家长小时候也都玩过。

家长或老师叫"绿灯"的时候，孩子可以往前走，叫"红灯"的时候就必须停住，做错动作的孩子要回到出发点重新开始，看最后谁第一个过终点线。我们只要在这个游戏基础上加一点小改变，就能起到训练孩子自控力的目的。当孩子习惯了"红灯停、绿灯行"这个规则后，把规则倒转：叫"绿灯"的时候必须停止，而叫"红灯"的时候可以往前走。

家长可以自己设计出很多类似的游戏。比如，在很常见的冰冻游戏中，听到音乐的时候要跳舞，音乐停了马上静止。在孩子习惯了这个规则后，倒转规则：听到音乐的时候不动，音乐停了反而要跳舞。再如，听到快的音乐的时候动作放慢，听到慢的音乐的时候动作变快。或者，在放音乐的时候家长做一些动作，但要求孩子这时只能观察，不能模仿，只有在音乐停止的时候才能模仿着做。

做这些与直觉或习惯相反的游戏，目的就在于训练孩子的注意力和抑制自己冲动的能力。

研究表明，对于那些自控力低于平均水平的孩子，这种游戏可以提高其自控力。还有一些研究表明，有意识地做一些与直觉或习惯相反的事，像每天用左手刷牙，只要长期坚持，也可以改善大人的自控力。[3]

3. 玩角色扮演游戏

对一个 3 ~ 4 岁的孩子来说，叫他尽可能久地安静地站着，他可能坚持不到 1 分钟；但是如果你让他假装守卫一座城堡，他可能坚持 5 分钟。

角色扮演很有趣，所以孩子很容易融入其中，在快乐的玩耍中不知不觉地提升了他们的自控力。孩子在角色扮演游戏中学会的，是借助想象的力量，抑制自己本能的冲动。更重要的是，角色扮演游戏都是有规则的，孩子会非常主动地认真对待这些规则，在遵守这些规则的同时，孩子也受到了控制自己的行为来达到既定目标的早期训练。

以"守卫城堡"为例，在这个游戏当中，他们学会遵守城堡守卫员的规则，抑制了他们到处乱跑的本能冲动，自控力也因此得到训练。

角色扮演游戏的场景可以有很多：医院、商店、学校、市场等等。父母应该根据孩子的兴趣来设计。

美国现在开始流行一种学前教育课程叫"心智工具"（Tools of the Minds），这种课程的一部分就是在一般的角色扮演游戏的基础上加了一些创新性的元素，比如要求孩子们游戏前讨论出游戏规则，计划一下自己在游戏的时候想干什么，并记录下来（不会写的话就画下来），然后坚持执行自己的计划。

一些发表在《科学》（Science）上的研究表明，参加心智工具课程的孩子显示出更高的自控力和执行力。[4] 由于完整的心智工具课程设计比较复杂，且一般需要在幼儿园里由有经验的老师带领完成，这里就不多做介绍。

对一般家长来说，在家里仍然可以做一些简单的角色扮演游戏，在亲子互动的过程中，训练孩子的自控力。

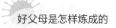
4. 鼓励孩子做计划

计划是自控力很重要的一部分。计划能力比较强的孩子，一般自控力也比较强。在前面说到的"心智工具"里，就把计划的元素加入到了角色扮演游戏当中。

有研究表明，玩国际象棋的小朋友，会显示出更强的计划能力（实验是基于国际象棋做的，但其他棋类，如中国象棋、围棋等，应该也是同样的效果）。所以玩棋类游戏，或许可以提高孩子的自控能力。[5]

当然，父母不要为了刻意培养孩子的计划能力而逼着孩子去学下棋。事实上，在生活的很多方面，都可以培养孩子的计划能力。比如去商场前，先计划好要买的东西（是买玩具还是买零食？是买一件玩具，还是买两件）；到商场后，严格按照计划执行，不能出现计划买一件玩具，最后买回四五件的情况。让孩子习惯这种按计划买东西的方式，也可以避免出现孩子在商场满地打滚要求买这买那的情况。

要是计划买一件，但是遇到两件孩子特别喜欢的玩具怎么办？千万不要错过这个学习"取舍"和"计划"的好机会——让孩子选其中一件，然后和孩子商量好，一周后（或一个月后、或孩子生日时）来买另一件，并在小本上记录下来作为凭证；然后信守承诺，按时把玩具买回来。要提醒家长的一点是，家长在这件事上必须自己要有自控力，严格执行计划，否则给孩子留下一个"计划就是用来打破的"的印象，反而会削弱孩子的自控力。

5. 从小学习一门外语

学习外语能提高自制力？很多人可能觉得很困惑：难道知道"狗"在英语里叫"dog"就能帮孩子抵制棉花糖的诱惑了？是的，很有可能。

研究表明，学习多种语言能够提高孩子的认知能力和自制力，而不仅仅是让他们在语言上占优势。原因是：学多种语言是很有挑战性的，双语的孩子在说一种语言的时候，必须抑制另一种语言的干扰。[6] 而"自控力"

从本质上来说，就是抑制现时诱惑的干扰，而将注意力集中在将来要实现的目标上。双语的孩子，开口说话的时候就是在练习他的自控力了，因此他们比单语的孩子有更多训练的机会，显示出更强的自制力也就不足为奇了。

从脑科学的角度来分析，当双语者在两种语言间切换的时候，他们的前额皮质、基底神经结和前扣带皮质会很活跃，而这部分的脑组织在执行需要自控力的任务时也很活跃。换句话说，双语者平时更频繁使用与自控力相关的这部分脑组织。这或许可以从另一个维度解释为什么说两种语言可能提高自控力。

6. 借助冥想，让孩子提升自我意识和意志力

斯坦福大学心理学教授凯利·麦格尼格尔教授在《自控力》一书中，指出可以用最短的冥想改变大脑。比如研究人员通过教从来没有冥想过的人一些简单的冥想技巧。研究发现，仅仅经过 3 个小时的冥想练习，他们的注意力和自控力就有大幅提高。11 个小时之后，研究人员已经能够观察到大脑的变化。刚刚学会冥想的人大脑里负责控制注意力、排除干扰、控制冲动的区域之间增加了许多类神经元。另一项研究也表明，持续 8 周的日常冥想训练可以提升人们日常训练中的自我意识，相应大脑区域里的灰质也会随之增多。

专注呼吸是一种简单有效的冥想技巧，它不但能训练大脑，还能增强意志力。它能减轻你的压力，指导大脑处理内在的干扰（比如冲动、担忧、欲望）和外在的诱惑（比如声音、画面、气味）。新研究表明，定期的思维训练能帮人戒烟、减肥、戒毒、保持清醒。无论你"要做"和"不要"的是什么，这种 5 分钟冥想都有助于增强意志力。

5分钟训练大脑冥想

1. 原地不动，安静坐在椅子上，双脚平放在地上，或者盘腿坐在垫子上，背挺直，双手放在膝盖上，冥想时一定不能烦躁，这是自控力的基本保证，简单的静坐对于意志力的冥想训练至关重要。

2. 闭上眼睛，注意你的呼吸，可以呼气时在脑海中默念"呼"，吸气时在脑海中默念"吸"。当你发现自己有点走神的时候，重新将注意力集中到呼吸上。这种反复的注意力训练，能让高额皮质开启高速模式，让大脑中处理压力和冲动的区域更加稳定。

3. 感受呼吸，弄清自己是怎么走神的。几分钟后，试着专注于呼吸本身，你就会注意到空气从鼻子和嘴巴进入和呼出的感觉。感觉到吸气时胸腹部的扩张和呼气时胸腹部的收缩。觉得很难重新集中注意力时，就在心里多默念几遍"呼"和"吸"，这部分的训练能锻炼你的自我意识和自控能力。

7. 言行一致，努力为孩子树立自律的榜样

言传不如身教。孩子不是学习我们说什么，也不是学会我们教他们什么，而是会模仿我们做什么。在提升自控力这件事上，尤其如此。"父母是什么样的人"远比"父母对孩子做什么"更重要。

想想我们小的时候，一个从来不读书、每天打麻将的大人，反复对你说："要多读点书""你怎么不读书""你怎么就知道玩"……你听了，是不是很厌烦？家长说得越多，你就越会降低对家长的评价。因为你觉得他言行不一。可是，换一个人，一个手不释卷、常常给你讲点故事、分享点新观点的人，对你轻描淡写地说一句："要多读点书。"你听了，是不是很服

气？是不是连连点头？将心比心，设身处地，我们作为被教育者的态度都是一样的。所以，教育者所能做的最重要的一件事，就是自身的自律。无论到什么年纪，不要放弃自己，要始终追求自律。这并不是说，父母本人的自律必须达到"神"或"机器人"的程度。而是说，父母虽然是凡人，虽然也常常失控，但始终不放弃追求自律的努力。而这种努力，本身就是给孩子树立了自律的榜样。

在提升我们自身的自控力时，可以借助一些工具和方法，比如：把大目标分解成若干小目标；利用"GTD"（getting things done）、"番茄工作法"等方法，进行任务管理和时间管理；通过保持物理距离、分散注意力等策略，来抵御外界诱惑，等等。父母可以把自己学来的这些方法和策略，手把手地教给孩子，把自己追求自律过程中的成功与失败，也坦率地和孩子分享。

更细致地，父母可以一步一步教孩子：如何定计划；制定后，如何执行；执行时，如何自我觉察、自我跟踪；对于执行情况，如何定期总结；什么情况下需要调整计划，如何调整……当一个阶段性的目标达成了，引导孩子去体味其中的快乐和满足，用这个小小的成功去肯定自我、增强力量，而不是用"补偿性"的放纵去庆祝和奖励。

事实上，没有为追求自律而切实努力过的父母，是不可能进行这样的自律教育的。因为他们不懂自律的不易，也就无法理解和包容孩子。所以，只会给颗糖作为奖励，或者责骂一顿作为惩罚。

8. 帮助孩子寻得有效解压方法

处于备考的初三、高三的孩子，压力通常会比较大。而当人处于情绪低落、倍感压力时，会更容易屈服于诱惑。为什么压力会带来欲望呢？因为这是大脑救援任务的一部分，当大脑感到有压力，它就会指引你去做一些它认为会使你感到快乐的事，让你进入寻找奖励的状态，而当你渴望得到那个"奖励"时，你就会确信，只有那个"奖励"会使你快乐。

例如，如果你因为卡债而焦虑，而你相信购物会使你快乐，那么你可能会选择去购物，而事实上这会加重你的卡债；当你因拖延而焦虑时，你可能会继续拖延。

一点小方法：真正缓解压力的不是释放多巴胺依赖奖励的承诺，而是增加大脑中改善情绪的化学物质。经统计，最有效的解压方法包括：体育锻炼、阅读、听音乐、与家人朋友相处、按摩、外出散步或做瑜伽，以及培养有创意的爱好。而最没效果的解压方法包括：喝酒、抽烟、赌博、购物、暴饮暴食、上网、玩游戏、花 2 小时以上看电影电视。

在压力和情绪低落时，找到真正能为大脑带来快乐的事，而不是那些虚假的奖励。家长可以通过每天和孩子一起锻炼身体 10～30 分钟，来提升孩子的积极情绪。锻炼身体可以减少大脑的焦虑和压力，让孩子告别低落情绪。哈佛大学研究积极心理学的塔尔·本·沙哈（Tal Ben Shahar）曾经在幸福课当中指出：一周锻炼 3～4 次，就相当于给大脑补充了最好的"兴奋剂"。

9. 失败面前，引导孩子学会自我谅解和自我同情

当孩子暂时屈服于诱惑、失控了，用同理心、同情心去安慰孩子，引导孩子学会自我谅解和自我同情，尽快从这个小小的失败中恢复过来，而不是从此"破罐子破摔"。众多研究都表明，自我批评会降低积极性和自控力，而且也是最容易导致抑郁的因素。它不仅耗尽了"我要做"的力量，而且还耗尽了"我想要"的力量。而自我同情和自我谅解则会提升积极性和自控力，比如，在压力和挫折面前支持自己，对自己好一些。

加拿大渥太华卡尔顿大学对一群学生进行了一次关于拖延症的调查，这个调查持续了整个学期。很多学生在第一次考试前都推迟了复习计划，但不是每个学生都会养成这样的习惯。和那些能原谅自己的学生比起来，那些严格要求自己的学生更可能在接下来的考试中继续拖延复习。他们对第一次的拖延态度越严厉，下次考试时拖延得越厉害，可见，自我谅解，

才能帮助他们重回正轨。

此外，研究人员还发现，在个人挫折面前，持有自我同情态度的人比持自我批评态度的人更愿意承担责任。他们也更愿意接受别人的反馈和建议，更可能从这种经历中学到东西。[7]

第七节   发现内向孩子的潜在优势

我自己性格开朗外向，爱表达。但是我儿子性格则天生内向，从小就比较胆怯，出门见到陌生人都不敢说话，和其他小朋友玩耍的时候，除非时间长了，特别玩得来，需要很熟悉了之后，他才会开口说话。2019 年夏天在美国夏令营的时候，2 个月，他在班级里都没怎么和同学说过话，老师说他非常非常安静、沉默。刚开始我蛮焦虑的，和他们夏令营的班级老师聊了一会，那个老师约莫 50 岁的样子，她和我说，她小时候也非常内向，小学阶段都没怎么说过话，但是后来照样发展得很好，她有 4 个儿子，4 个儿子都很独立，也建立了自己的家庭。

后来读了美国个性心理学研究专家马蒂·奥尔森·兰妮的《内向孩子的潜在优势》（ *The Hidden Gifts of the Introverted Child*，*Helping Your Child Thrive in an Extroverted World* ），顿时感到焦虑感减轻了很多。

马蒂·奥尔森·兰妮指出，内向孩子固有的生理构造使得他们拥有以下9 个优势。只要有家长帮助，他们就能够了解和运用这些潜能和才智。

1. 内向的孩子拥有丰富的内心世界

内向的孩子渴望了解自己和身边的人，所以他们是很棒的观察者。由于内心的思想和感受是他们反应的基准，所以他们不大容易受到同伴压力的影响。做决定时，通常以自己的价值观和标准为基础，不容易随波逐流、人云亦云。

2. 内向的孩子懂得停下来品味生活

内向的孩子会发现生活中许多视而不见的细节。有时候，吸引他们的东西不必耀眼，不必花哨。在家中他们就能充实并快乐着。

3. 内向的孩子热爱学习

他们需要大量的信息输入来满足自己的好奇心和兴趣。喜欢对感兴趣的事物深度挖掘。

马蒂·奥尔森·兰妮认为，一旦进入大学，内向型人可能更加如鱼得水，因为大学的学习方式更合适他们。

4. 内向的孩子善于创造性思维

内向的孩子是富于创造性的问题解决者，因为他们广纳各方信息，下意识地分析数据，再用一定的时间思考，最后经常会给出一些创新型的答案。为了鼓励内向孩子的原创性思维，家长可以就不同问题征求孩子的意见。如果你遇到了让你左右为难的事，问问孩子，看他有没有什么解决办法；在他苦恼的时候，帮他分析他自身拥有的解决问题的能力。

帮助孩子培养起能够获得新颖想法的创造性方法。让他以自己的烦恼为主题画幅画，编个故事或者编一出木偶剧，写一首诗或者写一首歌，让孩子明白，这个过程本身就是有趣的。

5. 内向的孩子擅长艺术创作

艺术创作与创造力有关，而创造力又与"见"有关。不一定见得多，但要别具视角。有创造性的人能捕捉周遭世界的片段，并在内心世界里将这些片段重组为崭新的或者具有革命意义的作品，就这一点来说，内向的孩子可能更擅长一些。艺术家玛丽·恩格尔布莱特（Mary Engelbreit）以天马行空的想象力和携带怀旧情绪的作品而闻名，她就是典型的具有创造性的内向型人。

6. 内向的孩子情商很高

内向的孩子对自身情绪有所感知，他们通常能体会到别的孩子的感受，很容易设身处地地考虑别人的处境。内向孩子的耐心使他们能揣摩出许多自己和他人反应的细微之处。

7. 内向的孩子天生精通谈话的艺术

内向的孩子虽然不会一开始就夸夸其谈，但是当他们开始熟悉某个新环境之后，他们在与人交谈方面所表现出的天赋是惊人的。

因为他们爱倾听。他们值得信赖，坦率而可靠；他们提问，但不插嘴；他们给予有见解性的评论；他们能保守秘密，他们对朋友说过的话很上心；他们善于领会他人的暗示。

8. 内向的孩子乐于自处

无需外部活动，他们便有事可忙。他们具有高度的专注力，会沉浸在某一个课题、一本书或者一部电影当中，从专心中获得巨大的快感。

9. 内向的孩子拥有可喜的谦虚态度

他们通常抗拒成为焦点，内向的孩子内敛自持，他们不喜欢受到太多的刺激和关注。请对孩子的内向、抗拒成为焦点表示欣赏，让他知道身处焦点之外真的没什么大不了。

对于父母而言，养育一个内向的孩子需要付出更多的情感投入和时间精力，父母可以从以下几方面着手做出努力。

1. 父母要给内向孩子创造"耐寒区"

A. 确保与孩子的密切关系

B. 教导孩子如何顺着自己的气质行事

C. 与孩子建立一种灵活的关系，帮助其充分发挥他们的潜能。让孩子的感受能得到认可，才智能得到鼓励。

D. 给他们提供一个恢复精力的场所，一个家庭"加油站"。

2. 父母要与孩子建立深厚的情感联系

"陌生人焦虑"和"分离焦虑"谁都会有，但内向孩子在这一阶段逗留的时间会更长，而且他们可能会有更加强烈的反应。

此时，父母与孩子建立的感情越深厚，就越能帮助内向孩子应对外部世界。

3. 父母要明白内向孩子的需求

了解内向孩子的脆弱之处能缓和父母压力，可以对"故障点"有所准备，也可以减少责怪孩子或者苛责自己的冲动。

观察孩子的行为模式，注意他们的反应方式，这些都是学习如何满足内向孩子需求的重要途径。

4. 和孩子谈谈气质的重要性

让孩子明白独特个性是与生俱来的。跟孩子解释，气质中有一部分关系到个人精力来源及注意力集中的方向。

了解气质将有助于孩子安然应对别人对他内向性格的批评，也会让他接受人各有异这一现实，从而提高他的人际交往能力和宽容度。

5. 帮助内向孩子做自己

不要逼迫他们表现得像个外向孩子一样，过多的外向行为会让他们的"系统超载"。他们需要修整期，来开发自己的内向潜能。

家庭要给予他们正向的积极信息，而不是坏孩子、有缺陷、应该更外向等等。内向的孩子需要被自己的家庭接受和欣赏。

6. 顺应内向孩子的情感

帮助内向孩子认知情绪。由于内向孩子感知到的信息更加复杂，所以更需要父母帮他们命名情绪、认识情绪，明辨自己的内心感受。

7. 帮助内向孩子表达感受

通过反应性倾听，来帮助孩子学会表达自己的感受。倾听他们对于感受的描述，像镜子一样反射（复述）他们的感受。这一点很像 P.E.T 中提到的方法，而且对于不同气质的孩子都同样适用。

8. 帮助内向孩子解决人际关系的困扰

内向孩子需要在安全的环境中练习处理冲突。倾听孩子诉说他们的苦恼，帮助他们平复分歧，能帮助他们很好地理解人与人之间的关系。

平复分歧也不一定意味着如他们所愿，而是要承认他们的观点，解释误会，确定行为限度。这样既给内向孩子示范了如何化解冲突，也鼓励他们在外部世界中大胆表达自己的想法。

9. 在内向孩子尝试新事物时，帮助他们掌握控制焦虑的方法

（1）做好事前演练

对一件事情的所有可能走向进行提前演练，多提供几种可能性，可以用聊天、玩假装游戏等方式反复演练。

这样有助于孩子认识到生活中常有意外发生，但自己无须对此感到恐惧。

（2）让孩子参与你做的一些决定

有时候，家庭里需要你拿主意、做决定的事情，也可以与孩子（大一些的孩子）讨论一下。比如："当我不得不让干洗店重洗我的大衣时，我感到有些紧张。你觉得这件事应该怎么办呢？"

通过让内向孩子参与讨论，可以让他们明白，我们所有人在跟别人打交道的时候都会遭遇不确定。

10. 善用巧方法督促内向孩子"动起来"

有时候，当我们向内向孩子提议出去活动活动时，他会因为想不好做什么而放弃。

可以准备一些彩色卡片，与孩子一起写（画）下"我喜欢做的事情"。当孩子想不好做什么的时候，就可以翻一翻卡片。

而且这个小方法也能让孩子逐渐养成习惯，在开始某类行动前设想自己想做的具体事。对于内向孩子来说，为他的行动提供动力，也能使他大脑的快感中枢兴奋起来。

11. 对内向孩子适当放宽约束

外向的孩子因为自我约束能力较差，所以需要更多的规矩和更严格的要求。

但对于内向的孩子，他们的自省能力相对较强，所以作为父母也可以适当地放宽约束。

不要制定不适合内向孩子的家规。比如要求他们和不那么熟悉的亲戚拥抱、打招呼，比如必须和不熟络的表兄弟姐妹一起玩耍等等。

举个例子，如果我们要带内向的孩子去串门，可以一见面，便先和亲戚朋友们打个招呼，告诉他们自己的孩子属于内向慢热的性格，所以可能不会一开始就热情地和每个人问好、聊天和玩耍，等过一会他熟悉了就好多了。

这样做，既可以避免失礼，又可以保护内向孩子，以他们的节奏和方式安心做自己。

针对帮助内向的孩子如何适应学校的方面，父母可以通过和孩子提前熟悉学校环境，保持与老师的紧密沟通，用内向孩子擅长的学习方法记忆等，来帮助内向孩子更好地适应学校生活。

1. 提前熟悉学校环境

在开学之前，找机会带着内向孩子去学校里走一走。可以逛一逛整个校园，包括厕所、食堂和办公室，边走边把教室里玩耍的同学指给孩子看。

如果恰巧有孩子的朋友或者哥哥姐姐在那所学校上学，可以找机会带他们去参加学校的聚会、活动。

2. 保持与老师的紧密沟通

有时候，学校的老师会误解内向的孩子，觉得他们叛逆、不聪明、冷漠、不愿意或者不能够交流，也不会有那么多的耐心和时间，去等待内向孩子适应当下的节奏。

而且，内向孩子相对安静、专注，更容易被老师所忽视，从老师那里得到的关注会变得少一些。

这时候，就需要家长和老师保持密切的沟通。如果老师向家长反映，孩子经常一个人玩，可以鼓励老师找别的孩子来和他一起玩。

如果老师反映，当别的孩子拿了他的玩具或者打翻了他的积木，他也什么都不说时，父母可以把类似的场景在家里用过家家的方式模拟练习一下。

可以把孩子在家的需求、表现告诉老师，让老师知道孩子并非不热爱学习，只是需要按照自己的节奏来学。

比如，你可以给老师举例，讲一讲你和孩子曾就某一个课题、话题进行的热烈讨论，让老师燃起对孩子负责的动力。

多向老师询问，自己在家里应该如何配合，使课堂教学对内向孩子更有成效。

3. 用内向孩子擅长的记忆方式学习

内向孩子采取的记忆方式是长期联想性记忆。把所学的新知识与个人记忆联系起来，把视觉记忆系统与听觉记忆系统联系起来会让他们记得更牢靠。

内向孩子如何应对社交生活?

1. 将未来日程安排提前告知孩子

内向孩子所使用的脑神经回路会预先计划一系列的行动,然后在未来的假想情境中评估行动的结果。

所以,内向孩子的父母需要经常性地提前1～2天告诉孩子接下来的日程安排,特别是一些变化。

比如在日历上提前标注出朋友或者亲人来访的日期,和孩子列一张购物清单或者事务清单,一起参与到迎接他们的准备工作中。

可以通过画画、玩假扮游戏,帮孩子提前预演客人来了之后,他们一起玩耍的场景。

有时候,在过于繁杂的社交场合,内向孩子会因为耗费太多的内力,而精力下降或者耗竭。这个时刻,也是他们特别容易突然发脾气的时刻。

可以和孩子设定一个暗号,比如打手势,当他们需要休息一会儿的时候,他们可以做出相应的手势,避免突然陷入情绪漩涡。

2. 在孩子们的聚会上做"孩子王",打破内向孩子的最初沉默期

内向孩子在和小伙伴聚会时,开始通常都不会主动参与,而选择默默在旁边观察。

这时候,内向孩子的父母可以充当"孩子王",准备一些能吸引孩子们来互动的小游戏,在短时间内,将在场的孩子吸引过来一起参与。

看到自己的父母充当组织者,内向孩子也会放心来参与其中。这样,有利于缩短内向孩子的"沉默期",帮助他们融入小伙伴们的队伍中。

3. 每一次社交活动后都与孩子复盘,做事后分析

对于内向孩子而言,与事前计划相比,事后分析的意义也同样重大。

内向孩子的反馈系统与内心判断的结合,会产生强大的"后坐力"。通常,他们在社交活动中受挫时,会习惯性地从自己身上找理由,做过多的

自我批评，这样会妨碍他们从社交活动中获得乐趣。尤其内向孩子在感到恐惧和紧张的环境中，更倾向于关注负面的信息。

遇到这样的情况，应该首先关注内向孩子的情绪。待他们的情绪平静下来之后，帮助他们重新分析之前的场景，让他们对刚才接收到的信息产生正确的反馈。

4. 在内向孩子面前，表现对他人的兴趣，可以帮助孩子强化社交能力

友善地对待你所遇到的每一个人，包括那些陌生人。努力记住孩子的同学、小伙伴们的名字，经常和孩子一起讨论关于小伙伴的事情，和孩子说说你对他的朋友的印象，也让他们说说自己对朋友的看法。

比如："我发现你和小贝都很喜欢一起玩过家家游戏，而且她很擅长扮演妈妈"；"那天，你和小航聊宇宙飞船聊得很投机，你说的话他基本上都记住了，你注意到了没？"

这样的谈话能帮助孩子了解他的朋友，而且能为他们将来找到更好的朋友打下基础。

5. 帮助内向孩子学会解决社交冲突

内向孩子在社交生活中，会显得有些被动，他们宁愿逃开也不愿冲突。

即使在非常幼小的时候，他们也不会向外向孩子那样去抢玩具或者表现出攻击性。

这个时候，父母应该提醒内向孩子，保护自己和自己的东西是应该的。要让内向孩子知道，学着寻找办法来解决冲突，而不是躲避它。

从婴儿时期起，一个内向的孩子就要不断地与外向的期待作斗争。我们做父母的，应该了解，作为一个内向的孩子面临的困难到底有多大。

抚养一个内向的孩子，意味着你可能需要花更多的时间，建立与孩子之间的情感联系。

特别是，当你本身是一个气质外向的家长，养育一个与自己气质相左的孩子，会是一个不小的挑战。也许你喜欢各种聚会，但偏偏你的内向孩

子讨厌它们；也许你喜欢在外面东奔西跑，可你的孩子是个坚定不移的宅人；也许你浑身是劲，而你的孩子很容易感到疲惫。

这个时候，父母应该给予内向孩子更多的理解，甚至调适自己的生活节奏去适应他们。

事实上，即便对于内向的家长来说，养育一个内向的孩子也并非易事。

也许在你的儿时，曾经很讨厌自己被集体淹没的感觉，所以当你看到你的孩子一个人徘徊在人群之外时，也会感到不安和生气。

事实上，每个孩子的身上，都会有值得我们欣赏的特质，同时也不可避免地会有一些让我们感到担心和焦虑的特质。在接受它们的同时，努力发掘孩子们的潜能，找到并帮助孩子发挥他们的优势，才是我们养育之路上的重头戏。

每个父母都是矿工，在遇到慢小孩时，可能需要挖得温柔一些，深邃一些，才能发现那些藏在洞穴里的闪光点。

就像罗永浩曾说过的，外向的人左右世界，内向的人创造世界。

各位内向孩子的父母们，既然上帝给了我们一个牵着蜗牛去散步的任务，那就让我们和这只蜗牛一起，去好好创造一个慢下来的世界吧！

如何培养孩子的财商

第一节 不要忌讳和孩子谈钱

很多家长觉得孩子很小，对金钱的问题避而不谈，有的父母甚至希望把自己的孩子培养成不看重金钱的人。但是，他们显然没有意识到，如果孩子没有形成正确的金钱观，在现代社会可能会面临巨大的风险。不让孩子了解"钱是有限的"，不让孩子学会有计划地支配金钱，不告诉孩子钱是从哪里来的，不让孩子知道该怎么用钱，这样只会害了孩子。

父母亲可以通过在日常生活中和孩子沟通，来指导孩子学会管理金钱。

1. 培养孩子正确的金钱观和价值观

父母要让孩子意识到，金钱和时间一样，并非取之不尽、用之不竭。在教育孩子的时候，父母一定要有耐心，教育孩子不可能一蹴而就，就算遇到困难也不要灰心。

金钱观是在日常生活中经过点滴积累逐步形成的，因此在孩子小的时候，父母就应该重视金钱教育。比如，和孩子一起旅行或者制订旅行计划的时候，都是和孩子探讨金钱的好机会。F在超市买菜时候，发现蔬菜的价格有所不同，于是就和小学三年级的孩子就蔬菜价格展开了讨论：

"你知道为什么这个（无农药）蔬菜的价格贵吗？"

"没有使用农药的缘故吧，但是为什么这么贵呢？"

"没有使用农药的话，会怎样呢？"

"为了不让虫子吃掉蔬菜，所以只能由人亲手抓虫子，捕捉这个虫子需要花费很多人力，所以蔬菜的价格会更贵。"

其次，父母还可以借助新闻和电视上的报道，比如，房价上涨、猪肉价格上涨、亚运会举办等新闻，来和孩子一起讨论，帮助孩子了解经济，认识社会现状。遇到涉及金钱的问题，不要回避，可以开诚布公地和孩子谈一谈。

再者，要让孩子尽早了解等价交换的概念，要让孩子知道金钱是需要用其他东西进行交换的，父母要告诉孩子："去店里买东西，需要付钱。""你之所以能去学校读书，是因为爸爸妈妈帮你交了学费。"

尽管我们常说"世界上没有免费的午餐"，但是这个世界也有免费的东西。可以启发孩子独立思考一下，为什么会有免费的东西，以及这些东西为什么会免费。

比如，为什么街头会有人免费派发纸巾？为什么店里会有杂志供人免费拿取？

让孩子了解到纸巾免费发放，因为纸巾上面印有公司的宣传信息；店里的杂志免费，因为刊登的相关信息能够帮助商家揽客。

2.让孩子试着去管理钱，容许孩子犯错

可以每个礼拜给孩子一部分零花钱，让孩子自由支配。买他自己喜欢的东西，或者是食物。零花钱的数额不需要太大，通常而言，可以用孩子的年龄乘以2，就是每周孩子可以得到的零花钱，比如孩子5岁，每周给10元，会比较合适。给孩子零花钱，不仅能够让孩子认识现金，观察各种现金的种类和面额，而且还能够让孩子了解各种面额现金之间的关系，比如10元就是10个1元组成，10张10元就是100元，可以让孩子了解

1, 10, 100, 1000, 10000 这些数字之间的关系。

在孩子手上拥有现金之后，要让孩子思考金钱的用途，让他尝试自己独立去买点什么。同时，也要向孩子说明，金钱是父母通过辛勤劳动换来的，来之不易，平时要把零花钱放好，不要乱花钱。可以让孩子了解家里的钱都花在什么地方了，让孩子了解哪些花销是家庭必需的开支，比如，水电煤、房贷、油费、养老金、医疗费等等，而有些开销并不是必需的，比如更多的玩具、休闲费用、兴趣花费。钱首先要花在必要的开销上，在此基础上，有更多多余的资金，才可以花费在非必需项目上。带孩子出去逛街购物时，孩子们经常会提出各种计划外的购物请求，很多家长都会尽量满足。但是，要让孩子学会克制欲望，懂得珍惜，家长需要引导教育孩子形成良好的消费观，可以让孩子先把一些购物愿望放入自己的"心愿清单"，告诉孩子，这些非必需的物品可以通过他们自己攒零花钱，或者作为下一个节日或生日时的"礼物清单"。

值得注意的是，父母在给孩子零花钱的时候，千万不要让孩子产生"零花钱是他应得的"这样的印象。家长可以像发工资一样，比较"正式地"把每个月的零花钱发给孩子，如果什么都不说直接给孩子，孩子会觉得这个钱本来就是属于他的。可以明确告诉孩子："零花钱不是父母理应给你的，爸爸妈妈都是通过努力工作赚钱的，作为家庭的一份子，你同样有义务为这个家做一些力所能及的事情。"在下一周给孩子零花钱时，可以问孩子零花钱的去处，让孩子在其记账本上，列表一个清单，记录下来钱都花在什么地方。

如果孩子说零花钱不够花，可以鼓励大一点的孩子通过打零工赚取零花钱，比如让孩子去卖饼干、二手闲置物品，或者是给孩子安排一些类似于擦窗户、洗车、给动物喂食、庭院除草、教祖母学习电脑等事情，孩子得到多少报酬，由父母来决定。让孩子通过自己的劳动获取报酬，对于培养孩子的经济独立和精神独立都非常重要。打零工不仅能让孩子赚钱，还能培养孩子的"责任感"。

3. 让孩子在生活中学习经济知识

同样的产品，在不同的时期或者日期购买，价格也不相同，父母可以让孩子思考一下其中的原因，和孩子一起让大脑活动起来，引导孩子掌握其中的经济规律。

比如在和孩子一起去购物时，可以和孩子一起选定一个观察对象，观察它在一段时间内的价格变化，比如，黄瓜、菠菜、南瓜之类的蔬菜价格经常发生变化，一起讨论下为什么不同季节的蔬菜价格不一样，为什么进口的冷冻牛肉要比本土的牛肉便宜，可以让孩子思考一下，是不是因为产地差异而造成了价格的差异。同时，也可以让孩子思考，为什么要支付高额运输费的进口牛肉反而比国产牛肉更便宜。通过这样的思考，孩子也就能试着理解肉鸡和散养鸡的价格为什么不同。

此外，同一种动物的肉，因为所处的动物身体部位不同和产地的不同，价格也会不同。可以和孩子一起讨论一下原因是什么。

再者，父母可以问孩子："为什么不同品牌的车的价格会不同？"借助这样的问题，向孩子说明产品附加价值对产品价格的影响。

"为什么去电影院看电影贵，而在线看电影则比较便宜？"通过这样的问题，向孩子说明场地费用对产品价格的影响。孩子都喜欢探索，如果孩子能在父母的引导下，敏锐地发现商品价格的差异，将来长大后面对经济和社会问题时，这种敏锐的视角会发挥更大的作用。

第二节 给孩子设立不同账户

在孩子有数字概念时，家长可以引导孩子养成拿一些零花钱和压岁钱建立不同的账户的习惯。根据钱的不同用途，可以送给孩子三个存钱罐，让孩子贴上标签，分别设立为孩子的储蓄账户、投资账户、捐赠账户。

1. 第一个存钱罐，帮助孩子设立储蓄账户

比如，可以让孩子拿一部分钱存入储蓄账户的存钱罐，让孩子了解与银行相关的知识。等孩子稍微大一点，可以和孩子一起去银行，以孩子的名义开一个账户，把孩子的压岁钱存起来。然后每年元旦和春节的时候，都把一定的压岁钱存到账户里。

等孩子养成存钱的习惯后，父母可以向孩子解释一下利息这个概念。也可以让孩子用计算器计算一下，存进银行的钱大概会得到多少利息，运用公式：本金 × 利息 × 时间 = 利息，让孩子意识到，存到银行的钱能够"生钱"，而存在家里的钱过多久都不会有变化。

2. 第二个存钱罐，引导孩子存用来投资的钱

如果孩子日积月累，存了不少零花钱，可以让他们形成理财意识。比如，通过购买理财产品、纸黄金、股票等来引导孩子形成投资意识。同时，也要向孩子说明投资是风险与收益并存，低风险带来低收益，如银行的保本理财产品；高风险带来高收益，如证券市场的大幅价格波动等。

3. 第三个存钱罐，引导孩子存用于捐赠以及慈善事业的钱

父母可以和孩子谈一谈"捐赠"的话题。让孩子明白：要帮助别人，不能只考虑自己，钱不能只给自己花。比如，可以引导孩子用自己的零花钱，给家人或者老师在特殊节日时准备一份小礼物，让孩子从小学会用自己的钱给别人带来快乐，这一点非常重要。

父母可以让孩子想想，怎样支配金钱才能为他人带来幸福。父母要告诉孩子，幸福是可以传递的，因为你今天的付出让他人获得幸福，总有一天，这份幸福会传递到你的身上。

让孩子学习科学管理金钱，也有助于培养孩子积极的心态和责任心。例如，孩子在决定是否购买好看而不实用的东西时，或者是他们拿钱投资，

让钱帮他们挣钱时，他们就会了解，到他们能改变自己的生活。这将使孩子具备一种"内心控制力"，也更愿意为自己所做的事情负责。

第三节 ## 犹太妈妈这样教孩子理财

美国人有一句话是这么说的："全世界的钱在美国人口袋里，而美国人的钱却在犹太人口袋里。"众所周知，犹太人是全世界最懂得赚钱的民族。例如我们非常熟悉的石油大王洛克菲勒、控制欧洲金融命脉的罗斯柴尔德、华尔街金融巨富 J.P. 摩根、金融大鳄索罗斯和巴菲特等都是富可敌国、举世闻名的犹太巨富。

我在美国学习的时候，经常在小区里面散步，认识一个犹太妈妈，她经常一个人遛一群娃，没错，是一群孩子。她家5个孩子，都是自己亲力亲为自己带。她家里老大8岁，能说一口流利的中文，老五才半岁，还抱在怀里。

有一次和这位犹太妈妈聊天，我问她犹太家庭通常如何教孩子理财，她和我说：犹太人对子女的理财教育有一套独特的方法，他们从孩子三四岁开始就开设家庭理财课，这也是犹太民族的惯例。

当孩子刚刚有"数"的概念的时候，犹太妈妈通常会给孩子一笔零花钱，和中国父母不同，他们并不主张孩子们把零花钱全部储蓄起来，反而是鼓励他们合理地消费掉，如购买喜爱的零食、玩具或者衣服。

在消费之后，家长会和孩子交流一下购物的感受，如是否合算、满意，然后再帮忙他们分析一下这次的消费是否合理、必要，从中可以获取什么经验和教训等。

每周末父母会核对账目，如果当周孩子的零花钱花费记录和消费内容让家长满意，下周的零花钱就能上浮1美金。此外，零花钱使用原则是未经父母同意，不可以购买较贵重的物品。

等孩子再大一点，升入小学高年级时，犹太家长会给孩子设立一个独立的银行账户，划入一笔钱，数目可能是父母一个月的工资。

他们认为：培养孩子的情商，让孩子从小就学会明智、科学的理财非常重要。

当孩子使用不当犯错时，家长不会轻易帮助他们渡过难关。他们会向孩子解释，如果将来想拥有更有价值的东西，他们就不得不现在放弃一些价值不大的东西。

在孩子 12 岁前后，家长会经常翻开账本，告诉他们家中的钱是如何花掉的，以帮助孩子们了解如何掌管家庭的"财政"。

此外，她会告诉孩子："如果你喜欢玩，你必须去赚取自由时间，但这需要你获得良好的学校教育和优秀的学业成绩，此后，你可以找到很好的工作，赚到钱，等赚到钱之后，你就可以玩更长的时间，玩更昂贵的玩具。但是，如果你搞错了顺序，你就只能玩很短的时间，最后只能拥有一些最终会坏掉的便宜玩具，然后一辈子就得更努力地工作，没有玩具，没有快乐。"

除了从小教孩子科学用钱外，犹太妈妈还和我分享了一个培养孩子财商的诀窍。就是当孩子 8 ~ 9 岁时，就鼓励孩子通过劳动来挣零花钱。

比如我这个犹太邻居家其实比较有钱，她先生是在安娜堡一家 IT 企业做高管，年收入颇丰，算得上殷实的中产阶层。

但是她帮大儿子创办了一个账户，账户里面已经叠加了他为家人清洗汽车、打扫卫生间、在家门口摆地摊、在面包房帮忙做促销等一系列用汗水换回的报酬。

看我一脸迷惑的表情，她继续解释道："给孩子创办账户，可以让他们明白一个道理：不能不劳而获。这个世界上没有免费的午餐，你必须通过对社会做出贡献得到报酬，通过努力获得成功。另外，账户还让我的孩子看到他劳动赚到的钱是如何升值的。如果他愿意把钱做一些小型的投资，比如买一些小商品，再批发卖出去，我们是很愿意给他一些指导，教他一些生意经的。"

此外，这位五娃犹太妈妈还认为，从小就需要让孩子学会"延迟满足"，但是不能仅通过多讲道理，而是必须让孩子深入实践当中去体验生活。比如她会让孩子去安娜堡的滑雪场打工，在户外帮忙整理雪地场地，尽管安娜堡天很冷，冬季室外温度在零下20度以下。

密歇根大学一项调查研究表明：财商能力培养得越早的人，日后的年收入也越高。因为财商能力起步早，事业意识萌生早，投资概念醒悟早，日后正式加入就业大军就越容易先声夺人。

为什么全美国的财务的30%被犹太人掌控？不是犹太人财商天生比其他民族优秀，而是他们把培养孩子的财商作为一项生存能力随时随地地培养。

我曾经觉得应该让孩子从小少碰钱，花钱、挣钱都是工作以后的事情。但是，和犹太妈妈聊过之后，顿时觉得醍醐灌顶。要让孩子拥有可持续发展的人生，就得从娃娃开始抓起，培养他们的财商。

如何提升孩子的学习力

"有很好的证据表明，在学校里的阅读课上的表现如何，最好的预测因素是孩子在家里听到了多少语言，以及他们看过多少书。但是掌握诸如阅读、写作和算术等学术技能本身并不是目的。他们只是发现新东西的一种手段。"

——艾莉森·戈普尼克

第一节　词汇的力量

当我刚刚拿到美国教育学家约翰·霍特（John Holt）的《孩子是如何学习的》一书时，就被书中新颖的观点和反常识的育儿理念所吸引了，花了一个晚上的时间，一气呵成读完了这本书。书中可圈可点的地方很多，在亲子阅读、儿童书写、有效学习等方面给了我很多启示。

1. 不要总给孩子读"简单"的书

约翰·霍特（John Holt）表示，孩子是天生的科学家，幼儿时期的孩子们拥有一种特殊的运用自己大脑的方式，他们比成年人学习得好得多，而且也比他们长大之后要学得更快更好。但是，在绝大多数时候，我们所做的是教孩子糟糕的思考，是教他们放弃自然而有效的思考方式。比如，在教孩子阅读的时候，我们往往喜欢选择一些简单的，他们能理解的书，但真相是，如果我们读的东西是我们自己喜欢的书，读书的时候带着丰富的表情和喜悦的心情，那么孩子们可能也会喜欢。

就如达娜·萨斯金德（Dana Suskind）博士在《父母的语言：3000万词汇塑造更强大的学习型大脑》里提到的一样，你可以给孩子读你自己最喜爱的书，尽管小宝宝听不懂单词，但是并不妨碍他们从父母温暖的语音、舒缓的节奏、温柔的抚摸中得到安慰。对小宝宝来说，听故事的动力也许来源于父母慈爱的声音，但句子中单词的排列组合，却早早地给他们上了一课：语言是以这样的方式起作用的。

耶鲁大学儿童脑发育研究专家尼姆·托特娜姆（Nim Tottenham）教授曾表示，丰富的语言环境就好比氧气。当你拥有它的时候，你觉得理所当然；当你没有它的时候，你才会意识到它是如此重要。

2. 与孩子共读的3T原则

在与孩子一起共读时，父母可以运用3T原则（Tune in，Talk more，Take turns）为孩子塑造良好的语言环境。

第一个"T"就是共情关注，父母应该有意识地仔细观察孩子的兴趣，换句话说，孩子关注什么，你就关注什么。哪怕孩子太小了，听不懂大人的话，或者孩子关注的东西一直在变化，父母也应该遵循这一原则，及时对孩子的行为作出回应。

当父母参与孩子感兴趣的活动时，哪怕孩子的热度只持续了两分钟，之后就转移了注意力，孩子的大脑也能得到开发。因为大脑需要消耗一定的能量才能够进行焦点转移。

共情关注的核心就是父母的回应。一个小孩未来的成长，比如认知力、情商、自控力、身体健康等等，都跟母亲的回应紧密相连。父母的回应在孩子成长的头五年显得尤为重要。科学表明，恰当的情感回应对于孩子的行为和大脑发育是很有必要的。

其次，共情关注很重要的一点是运用重复的"儿向言语"。通过"儿向语言"先吸引孩子的关注，然后才能让其关注说话的内容，最后才是说话人的身份。

共情关注的关键步骤就是：

（1）观察婴儿注意力所在；

（2）努力理解婴儿意图；

（3）做出及时回应和行动。

在孩子0～3岁的时候，无论孩子的行为基于什么样的目的、是否恰当，父母都应该给予孩子温暖的回应。孩子只有感受到了来自父母的温暖，才能茁壮成长。

第二个"T"就是充分交流。比如对着孩子讲话，一边为孩子换尿不湿，一边给孩子絮絮叨叨正在做的事情。

当父母在孩子面前说出这些单词，描述起每一项家务时，孩子的大脑同时也在吸收父母的话，这有助于大脑的开发和亲子依恋的建立。

"妈妈来给你换尿片啦，看看你的衣服都被尿湿了哦！"

"来吧，妈妈给你换一片新的干净的！"

"换了是不是舒服多了呢？"

"来吧，穿上你的蓝色小裤子吧，宝宝很乖，很配合妈妈的工作哟！"

第三个"T"就是轮流谈话。等宝宝大一点，父母在和孩子交流时，可以轮流参与谈话，这不仅是亲子交流的黄金准则，还是3T原则中最重要的一环，对于开发儿童的大脑起着决定性的作用。父母耐心地等待孩子的回应。这是"轮流谈话"中至关重要的一步。在对话过程中，父母应该尽量运用开放式的问题，可以通过问"怎么办"以及"为什么"，激发孩子天马行空的独立思考过程。

3. 孩子的成长和阅读并不总是按照"时刻表"

每个孩子的成长速度都不一样，有些孩子在3岁已经学会了独立阅读，而有些孩子则在8岁才开始学会独立阅读，每个孩子都有自己的节奏。

但是，孩子不是火车，他们不是按照平均速度来学习的，他们的学习是井喷式的，他们如果对他们所学的东西感兴趣，这些喷发就可能更快。

2019年8月，我在美国芝加哥管理学年会上认识了一位非常有声望的大数据管理方面的教授，他表示自己是在13岁时，才学会认字，开始独立阅读，因为他那时对编程机器人建模特别感兴趣，他花了5个月的时间就学会了所有的算数学以及逻辑模型，但是在13岁以前的基础教育生涯中，他始终无法学会这些。

因此，我们对于时间表的着迷，对于阅读的学习是无必要的，也是不明智的行为。当孩子们用他们自己的方式，出于自己的理由进行学习时，他们会比我们教他们时学得更快，更加有效。因此，我们可以扔掉我们的课程计划、时间表，给他们自由，至少大多数时间里，让他们自己学习。

4.如何让孩子爱上书写

当孩子进入6周岁，开始上学之后，大多数作业都是需要手写的。

我一个朋友，他的孩子读二年级，说每天晚上写作业写到10点，有时候还写不完。我笑着问她："是作业太多了吗？"她说："不是，是孩子太磨蹭，不专心，喜欢心猿意马地做作业。"

如何用有意义的对话来引导孩子学习书写，并且增强孩子的学习的内驱力呢？

约翰·霍特在《孩子如何学习》这一书中提到，可以用一起制作小卡片的游戏的方式来引导孩子写字，告诉孩子，他们可以做一张卡片，卡片会说任何他想说的话。

比如："不准碰倒乐高玩具"，在杯子上贴一个"cup"的英文单词等。孩子刚开始自己独立写的时候，可能是写一些没有意义的线条和记号，但是这却有利于他们理解制作牌子和书面英语之间的联系。在共同制作卡片的过程中可以让孩子明白：书写是表达一个人想法的方式，是一种神奇的、沉默的话语。

等孩子再大一点，可以通过和孩子一起认识路边的广告牌、告示牌、说明书、信件、宣传单、贺卡、棋盘游戏、报纸、书、购物清单上的字来告诉孩子，他的写作与他周围的世界在很多方面有着紧密的联系。让孩子了解到书写和阅读是跟其他人谈话、理解其他人的途径。

如果孩子们能在一开始就把写作当成说点儿什么的方式，把阅读当成了解他人说了什么的方式，那么他们写作和阅读时会有更大的兴趣，在学习的时候会有更大的内驱力。

第二节 双语启蒙越早越好

自从有了娃之后，占据书架最多空间的就是英文绘本了。从老大6个月开始，我会在每天晚上睡觉前坚持给孩子们读两本英文绘本，截至2020年8月，给孩子读过的绘本应该在1000册以上。目前老大已经能够独立阅读半小时左右，英文词汇量在1200个左右，能够自己给自己讲绘本故事。很多时候是什么不重要，为什么才重要，很多朋友都很好奇我能够坚持给娃每天读英文绘本的动因，我觉得原因主要有以下两点。

第一是源于自己苦学英语多年，却一直难以达到精通流利的苦恼。我从13岁才开始接触英语，感觉苦学了很多年，英语表达还是不太流利。怀老大的时候，看过孙瑞雪编著的一本《捕捉儿童敏感期》以及伯恩斯坦（M.H.Bornstein）著的《多学科视角下儿童敏感期》（*Sensitive Periods in Development: Interdisciplinary Perspectives*），了解到了原来语言习得是有敏感期的，因为大脑中的布罗卡区（Broca's area）在2～4岁时开始快速发育（又称语言敏感期），但在12岁之后，绝大多数布罗卡区会关闭。这也是为什么年龄越大，语言学习能力越弱。我想让孩子早一些接触英语绘本的初衷也很简单，就是希望他们以后学英语不要像自己这么辛苦和费劲。

　　第二是源于自己在欧洲的访学经历。2014 年我怀老大的时候，曾经在欧洲短期交流访学了一段时间，发现欧洲很多孩子都是精通 3～4 种语言，比如西班牙语、英语、法语、德语，而且每一种语言都可以说得和母语一样流利，这激发了我对儿童双语习得优势的兴趣，查了不少研究文献发现，比起单语儿童来说，双语儿童主要有以下优势：

　　（1）跟单语儿童相比，双语儿童在抗干扰、集中注意力方面有着显著的优势。

　　（2）跟单语儿童相比，双语儿童在做计划和解决复杂问题时的表现更好，更具有创造力。

　　（3）在成年人当中，双语人群认知老化的速度要明显慢于单语人群。[8]

　　（4）有实验表明，双语成年人失忆症的发病时间要比单语成年人的发病时间推迟 4 年左右。

　　（5）有部分实验结果表明，在幼年时期习得双语或多语的人群，通常在成年后更容易学习外语，但这一结论仍有待证实。

　　（6）精通两种或多种语言的人有机会掌握更多的人脉和资源。比如说在加拿大，会讲英语和法语的人的收入要比只会英语的人高出 10% 左右，比只会讲法语的人高出 40% 左右。

　　在老二出生之后，我又进一步读了一些关于双语习得以及如何培养双语宝宝的书籍，比如《培养双语优势的原因、时间和方法》（*The Bilingual Edge: The Ultimate Guide to Why, When, and How*）、《养育双语孩子》（*Raising a Bilingual Child（Living Language Series*）、《成为双语家庭》（*Become a Bilingual Family: The Best Method for Raising Bilingual Children, Even If You Only Speak One Language*），得到以下几点启示：

　　（1）让孩子尽早接触超过一种语言，可以带来某种优势，尤其是形成这种语言的发音的能力。

　　（2）尽管有语言敏感期，但是儿童天生的语言能力还是需要通过艰苦的努力才能转化为真正的成人语言技能，从零开始接触一门语言，孩子大概需要接受 2000 个小时的磨耳朵时间，才能初步掌握一门新语言。发展心理学家艾丽卡·霍夫（Erika Hoff）曾表示："要让孩子掌握一门语言，必须要让其大量接触这门语言。父母尽可能多地对孩子说话，朗读、唱歌给他们听，增加他们接触语言的机会。要想促进双语发育，这种语言接触必须是面对面的；看着屏幕的时间对幼儿的语言学习是无效的，而父母通过与孩子共读英文绘本是最佳的语言学习途径。"

（3）培养双语宝宝，需要给孩子多提供"可理解性的输入"语言。简而言之，孤立地背诵一些单词、词组是无意义的，孩子需要结合生活情境、绘本故事情境来获得可理解性的输入。

看了这些双语习得文献和书籍的研究结论之后，也进一步增强了自己坚持每天给孩子读英文绘本的动力。

第三节　会做家务的孩子成绩更优秀

让孩子知道，家务是生活的一部分。生活当中，不仅仅是有鲜花和巧克力，还有很多事情是我们不想做，也要去完成的。

我从小是在爷爷奶奶家长大的，因为爷爷奶奶家农活很多，所以我很小就需要做家务了，5 岁，开始自己洗衣服；6 岁，开始学习做饭；7 岁，每天放学后扯猪草，放牛；8 岁，开始去稻田里帮忙插秧，和大人一起收割稻谷；9 岁，每天自己做早餐，然后去上学，回来还要帮爷爷奶奶喂猪，打扫屋子。尽管做很多家务，但是我自己学习成绩从小学就还可以，从二年级开始，每次期末考试都是班级里的前三名，到了初中，成绩也还依旧名列前茅。

但是现在随着经济条件的改善，很多家庭的模式都是"6+1"，6 个大人围着一个孩子转，很多妈妈都觉得孩子学习很辛苦，不愿意让孩子帮忙做家务。一组研究数据表明，韩国小学生平均每天做家务时间是 42 分钟，英国是 30 分钟，法国是 36 分钟，而中国小学生是 12 分钟。身为父母，我们平时特别注重培养孩子的各种能力，却唯独忘了培养孩子的劳动能力。

心理学家认为：如今家长都想让孩子把时间花在能给他们带来成就感的事情上，但讽刺的是，我们放弃了一个的确能引领孩子迈向成功的项目——家务。

家务对孩子的影响，远远超乎我们的想象。

哈佛大学一项研究发现：爱做家务的与不爱做家务的孩子相比，成年之后就业率为 15 : 1，犯罪率为 1 : 10。爱做家务的孩子，拥有更高的心理健康指数和家庭幸福指数。爱做家务的孩子在学业上，往往表现得更加优异。2014 年，中国教育科学研究院对北京、黑龙江、江西和山东四省市 2 万名小学生进行家庭教育状态调查。结果显示：会做家务的孩子学习成绩更好。做家务的孩子比不做家务的孩子，成绩优秀的比例高了 27 倍。

诺贝尔物理学奖获得者、美国能源部前部长朱棣文说："很难想象那些只会念书，连煎蛋、煮蛋都不会的孩子，会懂得怎么做实验。"朱棣文有三个兄弟，他们都取得了博士学位。他们一家被称为美国史上最牛华人家族：12 个博士，3 代皆教授。到底是怎样的教育方式，才能培养出这么多有出息的儿孙呢？朱棣文提到，他的妈妈要求他们：必须学会自己做饭。

儿童心理学家皮亚杰指出：儿童最早是通过动作来发展思维的，越喜欢动手越有利于大脑的发育。孩子在做家务的过程中，手指会做一些复杂、精细的动作，这会使大脑的血流量增大，从而让孩子的思维更加敏捷。同时，孩子在做家务的过程中，肢体会得到充分锻炼，手眼协调能力也会提升，动手能力也会更强。孩子做家务不但不会耽误孩子的学习，反而对提高成绩有利。

第四节　"哈柏露塔"（Havruta）教育法

提到犹太人，我们的第一反应往往是，他们都很聪明，盛产"天才"。福布斯杂志曾报道，世界上前 400 万名的亿万富翁当中，犹太人占了 60%，但今天犹太人总人口数还不到全世界的 9.3%。

更有数据表明，在哈佛、耶鲁等名牌大学中，每 3 ~ 5 个学生中，就有一个是犹太人。实际上，他们不是天生聪明，而是自有一套培养孩子的方法。包括：对任何事都心存怀疑，具备针对凡事发问的能力；多方阅读，拓展知识；借由赞美，培育自信；学习多种语言。

犹太教育的核心是什么？提问与讨论。

世界上有 30% 的诺贝尔奖得主、常春藤联盟学生，都是用一种叫"哈柏露塔"（Havruta）的教育方法教出来的。这套方法贯穿日常生活，教出了爱因斯坦、斯皮尔伯格、扎克伯格等各行各业的翘楚，这也是犹太民族教育孩子的最高原则。

"哈柏露塔"的原意接近英文的 fellowship，有伙伴关系、友谊的意思，是两人一组，通过提问、回答及反驳来进行讨论与辩论。

但重点不在于辩论输赢，而是学习如何表达自己、倾听与思考。它注重培养孩子"由内而外地学习"，可以不需要老师，引导学生自主高效学习。

这种方法，不强调师生关系，而是所有成员以平等的同学关系互相学习与教导。一个人扮演老师，另一个人扮演学生进行讨论，老师与学生之间没有身份的区别，而是在同等地位中，进行大量的互相讨论学习。

讨论的目的并非为了找出唯一的正确答案，重点在于讨论的过程，也就是问题的设定、逻辑的整合性等。

哈柏露塔学习方法，让孩子和家长共同度过许多思考与讨论的时间，所以彼此在心灵上可以有许多交流。

这也是犹太妈妈骄傲的地方：你的孩子能找你聊天超过2个小时吗？

哈柏露塔学习法下的孩子，可以和妈妈聊天超过2个小时。因为他们从小就习惯用问答讨论，而非指导纠正，培养孩子们的思考能力。

比如扎克伯格的父母，总是鼓励他解释自己的想法："真有意思，那么，解释给我听听看吧！"

扎克伯格的父母，在其成长的路上鼓励他提出疑问，而且以有逻辑的方式与他讨论，无论他提出多么匪夷所思的问题或答案，都不会感到不耐烦。

提出问题更是哈柏露塔的精髓。想要与他人辩论，就得努力提出震撼对方逻辑的问题，看似再理所当然的事，也还是要提出疑问。久而久之，锻炼出跳出框架思考的能力，也具备了创意与创造力的第一步。

这也是这种教育方式的核心，犹太人从小习惯彼此提问、对话、讨论，敢与众不同。

在这种"思、辩"的学习观念影响下，他们更看重孩子的复习，而非预习。我们从小就被教导"课前要预习"，但仔细对比一下"预习"和"复习"，到底哪个更有效率？到底哪个能花更少时间收获更多效果呢？

犹太人认为复习更重要。相同的内容，第一次学习和第二次学习时所付出的时间和努力会有极大的差异。预习就是所谓的"赢在起跑线上"，孩子每个阶段原本都有需要学习的内容，但不少父母就是享受让孩子早一两年学将来要学的知识，看到孩子比别人"快"就满满自豪。但事实是怎样的呢？这些孩子，花大量课外时间学习未来需要学的知识，但在学校上课时却提不起劲，因为课程都学过了，想要认真上课也无法专心。

犹太人口中最常出现的两个问题是：你的想法是什么？为什么这样想呢？如果孩子从来不问为什么，犹太父母会感到很不安。

2004年的诺贝尔化学奖得主雅隆·戚凯，现任以色列理工学院教授，当他的学生要毕业时，他都会告诉他们，在学校所学的知识，将来可能有一半以上会过时，或被证实是错误的。正因如此，他才会教导他们如何去质疑、去提问、去探索并体验。

卓越的教育成就和突破性的发展，不是正规教育体系可以一手创造的，学习也不仅限于正式的教室，或者面对面的教学。

卓越和突破是"提问"这种文化的产物，也就是以色列常用的"Chutzpa"一词，表示充满胆量、不接受"不"这种答案，就算大门在眼前关上了，也要从窗户闯进去。

通过提问来和孩子沟通交流，更是一门艺术。犹太父母认为，当孩子答错或犯错时，是和孩子进行哈柏露塔的最佳时机。

假设孩子端着装了牛奶的杯子却不小心倒翻，"为什么会倒翻牛奶呢？"让孩子稳定情绪后，妈妈只要问这句话，孩子便会自行思考，然后回答："因为太重了。""因为我用跑的，才会倒翻。""因为我没抓好杯子。"妈妈听完孩子的回答后，只需要附和他的回答，然后继续对话。

"牛奶洒在地上了，该怎么办呢？"

"要擦干净。"

"那要用什么擦？是毛巾、畚箕，还是汤匙呢？"

如果孩子回答汤匙，妈妈可以拿汤匙实际擦擦看。只有亲身体验，才会变成孩子的知识。

在孩子犯错时，要关注的是解决方案，而不是孩子犯错的行为。不把焦点放在孩子的人格或错误上，透过错误制造机会，让孩子学到解决问题的过程和方法。因为教育不是让孩子找正确答案，而是要学会思考。

基本上我们从小学到高中这12年岁月里，会进行好几百次考试，寻找标准答案的能力简直达到出神入化的境界，即使完全不懂，也拥有卓越能力可以圈选出正确的答案。

然而，教育的目标不在于让孩子知道什么是标准答案，而是要培养学生秉持好奇和疑问的态度，自己解决问题。

这也是哈柏露塔最大的威力，即培养独立思考与自主学习的能力。

犹太人最常问的问题是："你有什么想法？"他们的讨论可以结合"我的想法"和"你的想法"，创造出"我们的想法"。

举个例子——妈妈倒了一杯柳橙汁给孩子，并问他："孩子，这是什么？"

孩子回答："水。"

这种时候，妈妈通常会有这样两种反应：

"这怎么会是水呢？这不是水，是柳橙汁啊。"当妈妈说出这种否定的话，孩子会感到挫败、丧失信心，自我评价也会跟着降低。

哈柏露塔学习法下的妈妈，在听到错误的答案后，把回应分成下面四个步骤：

（1）继续引导提问。

"是吗？你为什么这么认为？"

孩子："是黄色的水啊。"

（2）赞美孩子，这也是犹太教育中的四大重点之一。

"哇！你怎么会有这么棒的想法呢？"

（3）把真正的水倒进玻璃杯，再次示范并提问。

"水是什么颜色呢？"

（4）总结出正确的答案。

孩子："水没有颜色。"

"没错，水没有颜色，柳橙汁有颜色。水没有颜色，柳橙汁是黄色的水。"

这种讨论是逻辑训练的一个过程，能培养拥有健全思考习惯的人才。这样的讨论最后会成为一种重视他人性格的教育，使人变得尊重人性和人格。

哈柏露塔学习法，应该如何运用到我们辅导孩子作业和学习上？可以从生活周遭寻找学习素材，比如：

（1）在孩子读完一本书之后，让他扮演老师的角色讲解内容；

（2）过马路时，跟孩子一起讨论红绿灯的排列顺序，延伸思考"从危险到安全"的概念；

（3）学完一堂课后，互相讨论，彼此教导，很适合现在网课后的讨论；

（4）也可利用读后讨论的形式，让孩子阅读书籍后发表意见。

运用这些方式，能够激发孩子主动学习的意愿，从中培养逻辑论述能力、创意与批判性思维。

这种教育理念，也跟"我不能输给对方"的哈佛文化，如出一辙。

一位目前从政的80后哈佛留学生分析，哈佛的讨论课里最让他印象深刻的并不是题目与结论，也不是教授的指引，而是大家都习惯去表达，会倾听，在辩论中形成"我不输给对方"的氛围。

我们培养孩子，是让孩子学会在辩论中不停地思考，在公平的已知条件中寻找论据，也是让孩子从小习惯提问、对话、讨论的氛围。

第五节　家庭作业的迷思

1. 为什么要有家庭作业？

美国著名的"进步教育运动"的领军人物艾尔菲·科恩（Alfie Kohn）参考了300多个文献，用实证的方式打破了家庭作业的虚假神话。科恩说，家庭作业不仅是孩子的负担，也是家长的负担，我们应该用更好的方式教育我们深爱的孩子。艾尔菲·科恩（Alfie Kohn）在《家庭作业的迷思》一书当中，详细论证了家庭作业存在的6个具体原因，这些原因看似合理，实则存在很多荒谬的逻辑。例如：人们总是假设"写家庭作业"可以带来较高的学业成就以及提升自律和责任感；家庭作业可以让父母了解学校的想法、课程内容和方针；家庭作业有助于学生改善学习技巧，做好时间管理；家庭作业是保持学生乃至学校竞争力的基础。放弃家庭作业会造成教师、学校和父母心中的恐慌，害怕孩子落后于其他继续埋头苦干的学生等。

但是，客观上看，家庭作业给家庭给孩子带来的是什么呢？

（1）父母的负担。很多家长认为8小时工作之后，回家开始了另一份工作：监督孩子写家庭作业。父母不仅要帮孩子安排时段和地点来完成家庭作业，还要弄清楚家庭作业的指示并检查进度。老师非常严肃地看待家庭作业，让家庭作业充满了挑战，而非例行公事。他们每天检查，并认真给予回应。哥伦比亚教育学教授盖瑞·纳里罗（Gary Natriello）发现，越是具有创意的作业，往往造成父母越大的负担，因为"这些功课需要父母其中一人充分休息、头脑清楚之后，才可能协助孩子，但对双薪家庭而言，这通常是不可能的"。德国一位州长曾表示，家庭作业已经将父母们变成了"国家的助理教师"（Hilfslehrer der Nation）。前任联邦父母委员会的主席（Hans-Peter Vogeler）甚至表示："家庭作业破坏家庭和平"，因为父母和孩子常因家庭作业发生冲突。从父母的角度来看，家庭作业带来了额外的压力。虽说家庭作业可以让父母了解课程内容，但对家庭在下午和晚上的生活构成了干扰。不仅如此，批评者还认为，家庭作业会打击学生的学习乐趣，危及学生的道德，因为学生被迫要为没有完成作业而撒谎或欺骗。

（2）孩子的压力。大多数父母认为，孩子长期因为家庭作业而感到痛苦——他们泪眼汪汪、紧张和厌烦。虽然有些孩子比其他人更能处理每日接踵而来的功课、准时交作业、交出让老师满意的作业等所带来的种种压力，但是对多数孩子而言，多到可怕的家庭作业是痛苦而又煎熬的。正如某位家长所言："打击那些努力奋斗的孩子，同时也剥夺了表现优秀的孩子的学习乐趣。"

写作业让人感觉像场耐力赛。"对我儿子来说，上学是工作"，一位母亲这样写道，"在结束一天7小时的工作之后，他精疲力竭，但就像是一天轮值两班的工人，回到家之后，他必须继续撑下去"。然而，精疲力竭只是问题的一部分。对一年级小学生而言，在心理上所造成的阴影是永远的。他们不仅仅对学习感到困惑，同时他们发现自己也不喜欢放学后的家庭作业时光。对于高中生而言，他们被淹没在永无止境的语文、数学、化学、历史等作业之中。2002年的一项研究发现，高中生写家庭作业的时间与他们的焦虑、抑郁、愤怒及其他情绪波动直接相关。

如果家庭作业对父母来说是困难的，那么孩子也会觉得困难。这两者会相互影响，如果父母感受到来自学校的压力，想确定自己的孩子认真用功，不落人后，那么这些压力也会传导到孩子身上。

（3）家庭冲突。一项研究表明，超过三分之一的五年级学生说，和父母一起做功课，会让他们感到紧张。另一个以1200多名父母为对象的调查，其中半数的父母指出，过去的一年中，他们曾为了家庭作业和孩子有过严重的争执，包括争吵和哭泣。当作业特别难，或者指示不明确时，亲子之间更可能发生冲突。"尽管我拥有多年专业经验"，知名教育工作者内尔·诺丁斯（Nel Noddings）曾表示，"我们经常无法理解，老师为什么给二年级学生某些作业……我可以想象这些作业不仅没有拉近亲子关系，反而让家庭生活变得更加紧张"。对成绩不好的孩子来说，家庭作业带来更大的压迫感。科特·达德利·马林（Curt Dudley Marling）曾是小学教师，如今在波士顿学院担任教授，他访谈了24个家庭，这些家庭都至少有一个学习不顺利的孩子，从这些访谈中他发现，"家庭作业瓦解了家庭关系，并抹杀了许多家庭生活的乐趣"以及家庭作业这"近乎难以忍受的负荷"是怎样让这些孩子感到挫败，他们投入数小时没有太大的效果。同样，无论父母是否督促或者协助了孩子，孩子们都感到沮丧。"你最后毁了你和孩子之间的关系。"加州大学洛杉矶分校语言学家利亚·温格（Leah Wingard）录下了32个家庭在家里的互动，发现家庭作业这个话题几乎都由父母提起，并且通常会在孩子放学回家后的5分钟之内提出。温格的数据表明，亲子之间的交谈，经常是围绕着有哪些作业，要花多长时间写作业，以及如何安插其他的活动等进行的。

（4）较少的时间从事其他活动。家庭作业除了给亲子和家庭互动带来负面影响之外，还带来一个显而易见的状况是：多花一小时写家庭作业，就等于少一个小时去做其他活动。亲子相处的机会减少了；纯粹为了乐趣而阅读、交友、运动休息，或只是当个孩子的机会也减少了。北京清华大学附小一位老师曾经表示："其实孩子一天在学校六个半小时足够了……每天剩下的时间，傍晚、周末和假日，孩子需要用来生活——比如玩游戏、交友和购物、解决问题、烹饪、饮食、做些家务、旅行、参与运动、沟通交流、看世界新闻、演奏乐器、为了乐趣而阅读……"但是真实情况是，在孩子写完所有的功课之后，通常没有多少时间可以去做其他活动。

（5）较少的学习兴趣。教育学家约翰·杜威（John Dewey）曾说："培养孩子最重要的是学习态度，是让他们保持学习的热情。"黛博拉·迈耶（Deborah Meier）也表示，对学习的热情"不是某件你必须灌输、激励孩子去拥有的事物，而是你必须避免浇熄的事物"。任何在乎这种热情的家长和老师，在决定教导孩子，以及制定学校活动之前，可以提出这样的问题："这会对孩子的乐趣、喜爱阅读的热情、思考和探索的欲望造成什么样的影响呢？"多数孩子痛恨家庭作业，他们非常畏惧它，觉得家庭作业烦闷，并且尽量拖延着不去做，如此看来，家庭作业可能是熄灭好奇火焰最好的灭火器。

正因为多数孩子都觉得家庭作业乏味无趣，父母才会认为，想让孩子写完功课，要不就是用赞美和其他诱因吸引他们，要不就是威胁他们如果没有写完会受到处罚。许多老师也是这么做的。依赖奖惩逼迫孩子完成家庭作业，最终会让学习变得更不吸引人，因而让贿赂和威胁显得更加有必要，形成了一个恶性循环。

（6）教育不公平。家庭作业还会带来教育不公平的问题。因为受过高等教育的父母可以更好地帮助自己的孩子，而没有受过高等教育的父母在这里处于劣势。由此就会出现在教育起点上的不公平。因此，在2013年的联邦大选中，德国前任副总理西格马·加布里尔（Sigmar Gabriel）表示，希望可以废除家庭作业，让学生在学校里面完成作业，而不是在家里。柏林社会研究科学中心的主席阿门丁尔（Jutta Allmendinger）认为，家庭作业会"固化社会不平等"，因为有些孩子的父母可以陪着孩子完成作业，而有些孩子的父母却做不到。因此，她主张废除家庭作业，让学生转而在学校里、在小组中、在教师的帮助下学习，为此，现有的半日制学校须转变成全日制学校。

2. 家庭作业与学业表现

美国教育心理学家哈里斯·科珀（Harris Copper）在 1989 年针对这个问题进行了一项研究，并用一句话为这些研究做了总结——"没有证据显示，任何家庭作业会提升小学生的学业表现"。科恩说："这句话应该通过电子邮件传送到美国每个父母、老师和教育行政人员手中。"

科恩系统审视了人们对家庭作业的通常辩解，比如提升成绩、巩固知识、训练学习技巧和责任感等，并明确指出：没有任何一项上述假设实际上通过了研究、逻辑及经验的检测。书中一针见血地揭示了由于我们对孩子的不信任、对学习的一系列误解及对竞争力错误的关注，不仅我们的孩子拥有的自由时间越来越少，而且我们家庭的矛盾越来越多。科恩告诉我们，应该反思孩子在学校及放学后的时间安排，以拯救我们的家庭及孩子对学习的热爱。

科恩通过缜密的研究发现，这些看似美好的理由都立足于假设之上，而研究的结论却不支持这些假设。我们之所以把家庭作业作为一根促进学生成绩提升的"救命稻草"，是因为我们的思维惯性和懒惰，我们不想负起作为教育者或者作为家长应尽的责任。我们想当然地把学习的责任留给了孩子，而不想去读懂我们的孩子，去激发他们的潜能。

新西兰的教育专家哈蒂（John Hattie）在 2009 年出版的著作《将学习可视化》中，收集和分析了超过 5 万项相关的研究。他想要知道，哪些条件会促进孩子的学习。他的研究显示，影响学业成就的因素主要是好的师生关系和特定的学习技巧，而家庭作业对于学生学习成绩的影响是很小的。即便是这种有限的益处也要小心加以解读，因为这种益处取决于孩子为完成作业所必须投入的时间。学生为完成作业所需要的时间越多，收益也就越低。看到哈蒂的研究结论时，我想起了多年前一位前辈和我说过，想知道他的孩子哪门功课最优秀吗？一个很简单的问题就可以知晓，就是问他的孩子：学校里你最喜欢的是哪位老师？如果孩子回答，是数学老师，那这个孩子的数学成绩大概率将会是不错的。

德国德累斯顿工业大学的科研人员调查了1300名萨克森州全日制学校的学生和500名教师。调查结果显示，对于大约四分之三的学生而言，教师没有发现作业起到了积极影响。只有三分之一的学生认为，作业可以改善学习成绩和学习能力。研究者得出的结论是，学生是否完成作业，对于学校的成就没有什么明显的影响。作业只是一种"仪式"，教师不经反思地将其分配给学生。

中国台湾著名教师苏明进在《懂你的孩子：唤醒潜能的秘密》中提到，要懂你的孩子，要看到他们的优秀，每个孩子都是独一无二的珍品。很多家长也赞同这种观点，但是实际行为上，仍旧以分数来衡量学生，在他们心里，对使用这样的双重标准毫无愧疚之意。所以，许许多多的教师和家长把以巩固知识、训练技巧为主要目的的家庭作业作为爱孩子的方式。在他们看来，只有取得成绩上的胜利才是教育的胜利，孩子才能获得美好的未来。在这种思路上"兢兢业业"的人没有意识到，他们正在以孩子厌倦的方式爱孩子，实质上是在放弃孩子。

在《家庭作业的迷思》一书中，科恩以其犀利的观点、大量的数据来颠覆老师和家长们对于家庭作业的惯性思维，让读者重新思考家庭作业存在的意义。孩子的童年只有一次，没有推倒重来的机会，当我们用大量的假设来说服自己逼迫孩子完成大量家庭作业的时候，我们可曾想过我们或许正在扮演扼杀孩子童年的角色？假如老师和家长对于家庭作业的理解是错误的，那么在真心疼爱孩子、希望孩子有好的"前途"的同时，我们是不是在做着未来会悔之晚矣的蠢事？

科恩的一些观点或许会让一些老师和家长难堪。科恩认为，"一个人越不明白教学如何运作，越不知道如何看出哪些学生遇到困难，他就越有可能认为测验分数很重要。我相信，对家庭作业的支持同样来自对认知科学、教育学和儿童发展的无知"。从这一点来看，留家庭作业或许是教师不合格的一种表现，或许是教师身处教育大环境中的随波逐流与无奈。

3. 理智的家庭作业：应当给教育留白

把家庭作业作为促进甚至是挽救孩子学业的"救命稻草"的家长或者教师应该慢慢认识到这样的现实，那就是，你不放下这根紧握的"救命稻草"，你就无法获得新的教育途径。或许在放下它之前你要克服巨大的恐惧，但为了孩子的未来，还是值得去努力的。我们要从被动的无效的教育中脱离出来，走入主动的有效的教育中去。

通过《家庭作业的迷思》这本书，我们可以知道"为了家庭作业而做家庭作业"不是中国的专利，美国存在同样的问题，英国也有类似状况。书中提到，在苏格兰爱丁堡附近有一所名叫卡基费尔德（Cargifield）的学校，该校校长约翰·埃尔德（John Elder）观察到家庭作业让学生痛苦而叛逆，于是在该校去除了强制性的作业，同时父母也不再被迫帮助孩子做连他们自己也难以理解的习题。埃尔德说，在实行这项政策一年之后，"学生参加高年级学校入学考试的表现有显著的差异。数学和科学的考试分数提高了20%之多"。

或许有家长和老师会这样认为：孩子课余时间不写作业、不上辅导班，岂不白白浪费了宝贵的时光？

对于这个问题，卢梭（Jean-Jacques Rousseau）是这样回复的："误用光阴比虚掷光阴损失更大，教育错了的儿童比未受教育的儿童离智慧更远。"台湾学者黄武雄教授在《学校在窗外》中也这样说："学校该做而且只做这两件事：打开经验世界和发展抽象能力。"借助这个观点，其实不难发现我们的教育正在或者已经成为复制知识的机器。黄武雄教授也曾说："如果说学校教育还有第三件事该做，那么这第三件事便是留白。留更多的时间与空间，让学生去创造、去互动、去冥思、去幻想、去尝试错误、去表达自己、去做各种创作：编舞、搞剧场、玩乐园、打球、办社团，让他们自由地运用时间与空间。"

对于给孩子"留白"，卢梭说道："最重要的教育原则是不要爱惜时间，要浪费时间。"

陶行知主张"生活即教育"：生活与教育是一个东西，不是两个东西。它们是一个现象的两个名称，好比一个人的小名与学名。生活即教育；是生活便是教育；不是生活便不是教育。以陶行知的观点来看，让孩子闷在屋子里写无穷无尽的作业恐怕不是很好的教育。

第六节　奖惩的恶果——削弱内驱力和兴趣

行为主义心理学研究先驱爱德华·桑代克（Edward Thorndike）和伯尔赫斯·斯金纳（B.F.Skinner）向人们展示了提供奖励对鼓励理想行为的力量。他们的理论对整个20世纪的学校教育以及企业管理都产生了深远影响。如，在班级里，孩子们会得到贴纸和小星星的奖励；在教育类应用程序中，他们会获得积分和徽章。

但最近的研究对行为主义方法提出了质疑和挑战，尤其是在创造性活动中。不可否认，奖励可以激励人们在短期内改变自己的行为，但长期效果却大不相同。丹尼克·平克在《驱动力》一书中描述："奖励可以带来短期的提升，就像咖啡因的刺激可以让你多坚持几个小时一样。但这种影响会逐渐消失，更糟糕的是，这会降低一个人继续从事这个项目的长期动力。"运用奖励来改变人们行为的激励计划从长期来看都是无效的，承诺给孩子好处以使他们听话，除了带来暂时的顺从以外，产生不了任何的益处。即使表扬也会成为一种让孩子依赖于我们认可的口头贿赂。

平克讨论了几项研究，这些研究证明了以奖励作为驱动力的局限性。在心理学家爱德华·德西（Edward Deci）的一项研究中，大学生被要求用积木拼图。学生们被分为了 A、B 两组。第一天，A 组学生每完成一个拼图就能获得报酬，B 组学生则没有任何奖励。不出所料，A 组学生花在这些难题上的时间比 B 组学生更多。到了第二天，两组学生都被邀请回去解决更多的难题，而这一次，所有的人都没有报酬。结果呢？A 组学生反而比 B 组学生花的时间更少了！也就是说，在第一天得到了报酬的学生，比那些从未得到任何报酬的学生动机更弱了。

另一项研究由马克·莱伯（Mark Lepper）和他的同事进行，研究对象是幼儿园的孩子，而不是大学生，奖励品是证书，而不是现金，但结果是相似的。一些幼儿园的孩子在纸上作画时被授予"优秀玩家"的证书，而其他孩子则没有。两周后，孩子们被要求画更多的画，但不再有任何证书作为奖励。结果那些在第一次获得了证书的孩子这时表现得更不感兴趣，画画的时间更少。

当涉及创造性活动时，奖励的效果是最糟的。在一些研究中，研究人员要求人们解决那些需要发挥创造性思维才能解决的问题，如果有报酬的话，参与者解决问题所花费的时间更长。奖励和报酬的诱惑似乎使人们的关注点更加集中了，同时也限制了他们的创造力。同样，创造力研究专家特蕾莎·阿马比尔（Teresa Amabile）分析了艺术家的绘画和雕塑作品，她发现，在有酬创作的情况下，作品的创造性会降低一些，即使是在对作品没有任何限制要求的时候，也是一样。

在《奖励的恶果》（Pulished by Rewards）一书当中，通过对数百项研究进行分析总结，艾尔菲·科恩表示人们在收到金钱、评级或者其他外在刺激的影响时，实际上表现得更差。事实上，我们越多地使用人为刺激物来激励孩子，孩子越是对所做之事丧失兴趣。这一点能够在我们的生活中得到印证：如果把某件事情定为另一件事的先决条件，即作为达到另一个目的的手段，那么它就会被认为是不太想要的。"做这个就能得到那个"自动降低了"这个的价值"，得到奖励的人认为："如果他们得通过贿赂我干这件事，这事儿一定是我不想做的。"

学者艾德勒·高特弗瑞德对加利福尼亚的100个孩子的母亲进行了纵向研究，从他们的孩子1岁开始观察，8年之后，这些研究人员主要关注了那些努力促使自己的孩子在学校表现优异的母亲，尤其是那些为好成绩提供奖励、对不好的成绩予以惩罚的母亲。这些母亲的孩子们对学习的兴趣更低，在学校表现优异的可能性也更小。矛盾的是，父母亲越是关注孩子们的成绩如何，孩子们的成绩就越差。贿赂和威胁的目的在于提高孩子的成绩，但是却可能削弱孩子对学习的兴趣以及内驱力。

或者如教育学家A.S.奈尔所说，对一项活动许以奖励"相当于宣布这项活动本身不值得做"。因此，如果爸爸妈妈对孩子说，"做完数学作业你可以看一个小时的电视"，他们实际上是在灌输给孩子这样一种想法：数学很无聊。因为奖励通常使人感觉受控，而我们在自主权减少的情况下往往会畏缩不前。此外，无论多大年龄的孩子，奖励都不如内在动力更能促进有效学习。

许多研究都已发现，不同年龄段的孩子的内在兴趣和学习成绩之间都存在着某种正相关性。如果我们的目标是帮助孩子成为创造型思考者和终身学习者，那就需要不同的策略。不是提供外在奖励，而最好是利用孩子的内在动机，比如让他们解决那些他们觉得有趣或有价值的问题和项目。

第七节　描述性赞赏培养孩子学习内驱力

研究表明，在家里得到赞赏的孩子，更愿意为自己设立较高的目标。因此，做父母的一个重要职责就是学会如何及时称赞孩子做对的事情。

但赞赏需要谨慎，善意的赞赏有时会带来意想不到的拒绝。

通常我们表扬孩子习惯说："你真棒、你真好、你真乖。"

但这种评价性的语言会让孩子产生怀疑（他真的觉得我很棒吗？他要么在撒谎，要么就是不懂美食）；

另外，赞赏可能让孩子更关注到自己的弱项（才华横溢？开玩笑吧，我连表上的数字都不会加）；

赞赏还可能会感觉被控制（这个人想从我这里得到什么好处）；

赞赏可能会带来压力（我下次该拿第几名呢）。

比如4岁的孩子回来，手里拿着一幅画，上面是些铅笔涂鸦，放到妈妈眼前，评价性的语言是："哇，这幅画太美了，真好看！"孩子可能会想："她真的这么认为吗？"

但是描述性的赞赏方式是这样的：

妈妈："你画的一个圈，一个圈，又一个圈……一个拐弯，一个拐弯，又一个拐弯……点，点点，线，线线。"这个时候孩子点点头。

妈妈："你怎么会想到要这么画？"

孩子想了一会儿，说："因为我想要成为一个艺术家！"

成人运用描述性的语言赞赏孩子，也会让他们的自尊指数提高，提高他们对自己的认可度。纳撒尼尔·布兰登（Nanthaniel Branden）在他的《自尊心理学》（The Psychology of Self-esteem）一书中提到："一个人对他自己的评价，将直接影响到他的核心价值观以及是否有积极的心态，自我评价还影响到他的思维方式、情绪以及人生目标，同时也将影响到他的行为。"

再举个生活中的小例子：

比如孩子刚刚收拾了玩具，整理了房间。

评价性赞赏：

妈妈："你收拾了自己的房间，多乖的孩子。"孩子心里可能会想："我没有那么乖，我把有些玩具塞在床底下了。"

描述性赞赏：

妈妈："我看到这里有很多变化，东西都规整地摆在了架子上，磁带也都放到了盒子里，地上的弹球也都捡起来了。走进这间屋子，感觉很舒服。"这时候孩子心里想："只要我认真，就可以把屋子收拾好的。"

比如孩子刚刚写了一首诗，拿给妈妈看。

大人评价性的赞赏是："你写得真好，真是不错。"孩子心里可能会想："他真的这么认为吗？"

描述性的赞赏："你描写鹰的这首诗让我很感动，我最喜欢的句子是，'扇动着巨大的翅膀'。"这时候孩子心里可能会想："我会写出好诗来，明天我再来写一首。"

描述性的赞赏还有别的方法，比如，把他们值得赞赏的行为总结成一个词：

"你已经记了一个多小时的单词了，这就叫作'有耐心'"；

"你说好5点回家，就5点回家，这叫作'守时'"；

"尽管你很爱吃蛋糕，但你也只吃了一小块，这叫作有'自制力'"。

总结一下赞赏孩子的三个技巧：

（1）描述你所看见的。

（2）描述你的感受。

（3）把孩子值得赞赏的行为总结为一个词。

从我们日复一日对孩子表现细微处的描述，孩子们也在不断地增加他们内心的力量。所有的这些，都可以在今后他们受到挫折和困顿的时候，给予他们安慰与鼓励。

第八节 　**如何提升孩子的学习效率**

2019 年，浙江省杭州市初中升学进入高中的比例只有 50.4%，当我听到这组数据时表示很震惊：到底是什么导致现在的升学率如此之低呢？

是学生学习方法有问题？还是老师教学方法不够先进？或者两者皆有之。正如蒙特梭利在《发现孩子》一书中说道：孩子在用眼读，用手写，用耳听老师讲课时，就如受苦役一般。他们的身子坐在那儿一动也不能动，但他们的脑子并没有做到专心思考。他们不得不努力跟着教师的思维转，尽管教师所依据的只不过是那随意设计、没有考虑孩子爱好的大纲。这样，那些飘浮不定的意象只会像梦境一样时不时呈现在孩子眼前。教师在黑板上画了一个三角形，然后将它擦掉。该三角形只是代表了一个抽象的概念的暂时视觉形象。那些从未亲手拿过实体三角形的孩子就必须用力记住三角形的形状。围绕着这个三角形，许多抽象的几何计算便接踵而至。像这样的图形只能让孩子一无所获。

蒙特梭利博士还指出孩子必须先有内心生活的创造，然后才能将其表达出来。为了创作，他们必须自然地从外界吸取建筑材料。在他们能发现事物之间的逻辑联系之前，对其思维必须多加锻炼。我们必须为孩子们提供他们内心生活必需的东西，然后让他们自由地创造。因为只有这样我们才能看见一个两眼闪闪发光、边走边思考、灵气十足的孩子。那么作为学校的老师以及家长，我们需要做哪些努力和调整，才能够帮助孩子更好地应对学习呢？如何培养孩子的学习的内驱力？如何帮助孩子提高学习效率呢？

集成美国 11 位认知心理学家总结了 10 年的科研心血为一体，《认知天性》一书很好地揭示了我们在学习领域的终极规律，打破了我们以前很多认知的误差。掌握以下要点，能够让我们帮助孩子成为更出色的终身学习者，并且让孩子在各项考试当中表现得更加如鱼得水。

1. 考试是最优的学习策略之一

在诸多研究成果当中，有一项发现非常重要：主动检索——考试，可以强化记忆，而且检索花费的心思越多，受益就越多。从记忆中检索有两个好处：第一，可以告诉自己什么是知道的，什么是不知道的，然后可以帮助孩子将重心和精力放到薄弱环节上；第二，回想已经学过的东西会让大脑重新巩固记忆，强化新知与已知之间的联系，方便以后进行回忆与检索。

心理学家把检索的威力称为测验效应，亚里士多德在论述记忆的文章中写道："反复回忆一件事情可以增强记忆。"皮特·C.布朗（Peter C.Brown）的实证研究也进一步证实了这一点。

研究人员做过这样一个测试：将八年级的学生随机分为两组，一组被安排做 3 次小测试，内容是科学课上的知识点；一组做重复复习 3 遍。1 个月之后，进行期末考试，安排做小测试的学生平均成绩是 A-，而重复复习 3 遍的学生平均成绩是 C+。

此外，实证研究还表明，只需要一次自测，一周的回忆率就会从 28% 跃迁到 39%。

也就是说，只有努力用自己的话解释，联系事实，让资料形象起来，把它和已知的东西相关联，孩子才能真正做到专注。和写作一样，学习其实是一种参与的行为。与难题搏斗才会刺激孩子的创造力，让孩子的意识去借鉴已有的经验、知识，并应用它们获得急需的解决方案。总体上来说，任何一种检索都有助于学习，而且检索时付出的认知努力越大，记忆效果也就越好。

因此，对于学习者而言，最好的习惯之一是进行有规律的自测，重新校准自己知道什么，不知道什么。比如各种形式的检索练习，各种的小测试和自测、间隔练习、穿插不同但相关的科目或技能的学习，从不同类型的问题中总结提炼出基本原理或规则，等等。

2. 借助"后刻意练习"提升学习效果

频繁的集中练习只会产生短期记忆，集中练习收效甚微，只有当练习被分散在有间隔的培训当中，才更为有效。

间隔练习使得知识存储更为牢固。人们早就发现有间隔地安排练习有好处。

科学研究发现：华盛顿大学的科学家在 2008 年《当代教育心理学》中发表了一项成果，连续多次重复阅读相同的课文，人们的理解和延伸出来的看法都是一样的。而隔几天之后，再让孩子阅读的间隔阅读方法则能大幅度提高学生的测试成绩。研究结论是：连续重复阅读不是有效的学习方法，重复本身并不能带来出色的记忆力。

间隔练习让知识存储得更牢固。长期记忆中存放新知识需要有一个巩固的过程。在这个过程中，记忆痕迹得到加深，被赋予含义，并和已知联系起来——这个过程需要数小时，甚至数天。此外，从掌握知识和长期记忆上来看，穿插练习远远比集中练习效果要更好。

多样化联系促进知识的活学活用。近期的神经成像研究提供了研究证据，证明了多样化培训的确会有好处。研究表明，进行不同类型的联系会动用大脑的不同区域。人们常说"从经验中学习"，但学习效果取决于，我们是否形成了反思的习惯，反思是检索联系的一种形式，反思发生了什么，我是如何做的呢？下次怎样才能更有用？而且辅以细化加强学习。总之，大脑神经元之间的连接是极具可塑性的，运用间隔、有内容穿插出现，以及内容多样化，能够让大脑更高效地吸收、整合运用知识以及技能。

3. 知识的"滚雪球"效应

学习有三个步骤：第一是编码，就是大脑把感官感知的东西转化成为有意义的心理表征的过程，是一种短期的、不规则的记忆。第二是巩固，就是将心理表征强化为长期记忆的过程，在巩固过程中，大脑识别并稳定记忆痕迹，这需要数小时或者更长时间。巩固涉及对新资料的深层次处理，并与大脑中已有的旧的知识进行关联。第三是检索，想要学习到的知识更为牢固可靠，需要做两件事，首先，把短期记忆编码巩固成为长期记忆，把这项工作做扎实；其次，我们必须把这些资料与不同种类的线索联系起来，以便我们今后学习到这些知识时游刃有余。新学问是以旧的学问为基础的，我们所学越多，新旧知识之间的联系也就越多，但是能否灵活运用这些知识取决于关联的这些知识的线索是否够多，是否形象，以及我们是否能够利用这些线索及时将知识调取出来。阶段性地检索所学，有助于强化记忆间的联系，也能强化回忆知识的线索，同时还能弱化连通冲突记忆的路径，并且检索联系强度越大，收效越大。

此外要强化所学内容，可以采用以下几个学习策略：

（1）重新巩固记忆。古人说："温故而知新"，说的就是这个道理。反复复习，时常温习，能够强化长期记忆，并提高快速检索的效率。

（2）打造心智模式，比如开车、象棋棋路。心智模式就是牢牢记住并熟练使用的技能，比如能够发现并处理弧线球，或者是知识结构，如被记得滚瓜烂熟的象棋棋路。

（3）举一反三。在不同时机、不同环境下，多次进行检索联系，期间穿插不同的学习资料，这样做有助于给这些资料建立新的联系，这个过程建立了彼此关联的知识网络，这些知识网络强化了精通程度。

（4）构建概念学习。比如根据不同种类、科属的特征，比如爬行动物、节肢动物、哺乳动物，将不同类型的动物进行分类，能够让我们更好地提高学习效果。

（5）学习迁移，就是在新环境下运用所学知识。通俗来说，"把训练当成比赛，把比赛当成训练"这种技巧能够大大提高我们学习迁移的能力。

（6）运用以写促学，提升学习效果。研究人员将学生分为两组，一组是要求学生将上课的内容用自己的话进行书面总结，即用自己的话重述概念，并通过举例子的方式对概念进行细化。一组学生通过一组幻灯片进行总结，并让他们花几分钟从幻灯片中一字不差地抄录里面的重要内容。研究人员在期末考试的时候发现，那些用自己的语言组织进行书面记录总结的学生成绩远远高于另外一组学生，因此，以写促学的效果还是非常显著的。

4. 用玩乐高的方式构建知识

在学习新知识时，可以让孩子们先将想法或者是想要得到的能力分解成为各个组成部分。在学习新资料的时候，让孩子们停下来问问自己核心概念是什么，规则是什么，描述每个概念，并回忆相关要点，哪些是重要的概念，哪些是知识支撑的观念和细节，如果考试要测试自己对主要概念的理解，孩子会怎样描述。我们需要让孩子记住，在克服困难的过程中，付出的认知努力越多，学习到的东西才越深刻，越牢固。

5. 帮助孩子构建成长型思维

《终身成长》一书当中，通过实证研究表明：

（1）努力学习会改变大脑，为大脑建立新的连接，扩展孩子的能力。智力并非天生的，而是在很大程度上由我们自己发展。

（2）我们之所以努力，是因为努力本身能拓展我们的能力。你所做的事情决定了你会成为什么样的人，决定了你有能力做什么。你做的事情越多，你能做的事情也就越多。只要保持一种成长心态，你就可以接受这个道理并受益终身。

（3）想要精通某事或者达到专业水平，完全不需要拥有超人的基因，但必须拥有自律、勇气，以及持之以恒的精神。只有通过持续、有目的的联系和反复的应用，形成更深层的编码与潜意识中的精通，才能成为行业的专才。

6. 掌握一些助记手段和学习技巧

比如为了教孩子记住英格兰国王和女王的出生年月顺序，马克·吐温在庄园车道上打桩标出各个王朝统治的年代顺序，同孩子们一边看一边走，并辅以照片和故事详细说明，这些就是助记手段。

南加州大学有一位学生费尔罗斯，每门功课都拿到了 A+ 的成绩，他分享了自己的有效学习习惯列表。

（1）课前一定要阅读资料。在阅读的时候预想考试会出什么题目，以及这些题目要如何作答。

（2）课上在心里回答这些假设问题，从而监测阅读内容的记忆成果。

（3）复习难点，找到那些回忆不出或不知道的术语，重新学习，在阅读笔记中抄写标注的术语以及定义，确保能够理解。

（4）参加教授在网上发布的模拟测试，从中发现不知道的概念，重新学习。

（5）用自己的方式把课上的信息重新组织成一份学习指南，写出复杂或重要的概念贴在床头，不时自测，在整个过程当中，把复习和练习间隔开。

第五章

如何培养孩子的想象力

"想象力比知识更重要，因为知识是有限的，而想象力概括着世界上的一切，推动着进步，并且是知识进化的源泉。严格地说，想象力是科学研究中的实在因素。"

——阿尔伯特·爱因斯坦

第一节 故事是想象力最好的肥料

一位母亲曾把自己似乎颇有几分神童禀赋的 9 岁儿子带到阿尔伯特·爱因斯坦面前，问怎样才能让孩子把数学学得更好。爱因斯坦回答说："试着给他讲些故事。"这位母亲坚持问关于数学的问题。爱因斯坦说："如果你想让他聪明，就给他讲故事；如果想让他有智慧，就给他讲更多的故事。"

故事是大脑发展想象力最好的肥料。读故事对孩子的好处很多。

1. 大脑爱故事，好故事能够提高孩子的记忆力

一项心理学研究将一群 5 岁的孩子分成两组。一组孩子看 1 小时的配对图片。另一组孩子也一样，不过还要用句子来描述每一对图片。结果显示，当孩子仅仅是看这些图片的时候，他们只能成功配对 21 对当中的 1 对。而用句子描述图片的那组孩子可以成功地配对 8 对。

为什么用故事能够更好地帮助孩子记忆呢？

因为我们的记忆有三个特点：

（1）大部分的人，比较擅长图像记忆。俗话说，1张图片的效果好过1000个字。所以当你把每个东西想像成一个生动的画面，会比较容易被记住。

（2）大脑喜欢把东西串连在一起。如果你把东西想成2个或3个一组，像是猴子拿着钥匙，狮子拿着礼物，保险箱里面放着什么？课本上贴了什么？长颈鹿在用什么看贴纸？这样也就更容易记起来。

（3）我们记住有前后顺序的故事比较容易。当我们把一些本来没有什么关联的东西，想像成一个有画面、有剧情的故事的时候，也就等于让这些猴子、狮子、老鹰啊，都能够手牵手地一起从记忆旅馆的大厅走进长期记忆的房间。因此，如果想让孩子更好地记忆，不如发挥一些想象力，给孩子多讲故事吧！

人类学者发现，澳大利亚的毛利族文化中，父母亲就时常会陪孩子一起进行这种回忆，而毛利族的许多成人，连自己2岁半的时候的事情都会记得，是全球平均回忆年龄达到最早的。这告诉我们什么呢？很可能，我们记得过去的事情，是因为我们能够把他们组成一个故事。因为我们记住，所以会说故事；但也因为我们会说故事，所以我们能够记住。

所以用说故事的方法陪孩子一起回忆，偶尔回想之前的美好假期，一起去哪里游玩的经验，说不定能让全家记得更清晰。在心理课中，也曾有过这么一个有趣的测试，让孩子在限定时间内记住15个不同的名词，包括：

猴子、钥匙、狮子、礼物、保险柜、课本、贴纸、显微镜、长颈鹿、毛巾、胶水、老鹰、跳伞、抖音、奖杯。

最开始，孩子们记住10个都很困难，但当我将这些看起来毫无关系的名词用一个故事串起来，发现孩子们很容易就记得的比上一次更多了。

2. 故事能让孩子有兴趣学习本来枯燥无趣的知识，加深他们对知识的记忆和理解

比如，你和孩子说不要去门口玩门，因为门缝容易夹手。不如借题发挥给他讲一个故事，比如从前有个小朋友，他叫小童，他很喜欢去玩门，有一天，不小心将手夹在门缝了，结果他啊，痛得嗷嗷大叫。手都被夹红夹痛了呢。后来他妈妈不得不带他去医院看医生，然后医生给他敷了药，他才感觉没有那么疼了呢。过了一个星期，手上的红肿的地方才消失。这个故事既包括情绪又包括事实，孩子对门缝的危险性的认识也可以得到理解。

2013 年，《科学》（Science）上发表过一项研究成果，读小说故事的人比读非虚构类故事的人以及什么都不读的人，更能看懂别人的情绪。但是有一个前提，就是读的小说必须是高质量的经典，是对人物心理和行为描述得细致入微而且真实可信的，如果读粗制滥造的口水小说，那就没有效果了。那什么样的故事才是好的故事呢？通常好故事有 4C。

第一个 C 是因果联系（Causality）。事件发生是有前因后果的，能够很好地解释清楚故事的逻辑。比如好故事有一个好的提纲挈领的开头，一个漂亮的结尾，开头结尾都有严密的逻辑链。

第二个 C 是冲突（Conflict）。故事里的主人公通常有一个目标，而实现目标过程中有哪些阻碍或者困难导致其难以实现目标。比如巨人魔豆故事当中就有小男孩杰克和妈妈的金币都被巨人偷走了，他们很饿，没有东西吃。

第三个 C 是多样性（Complications）。好的故事情节要丰富多样。比如故事《西游记》里面有九九八十一难，每一难都不同，吸引着我们每个暑假都愿意重温一遍。不仅仅是虚构的童话，其实我们身边真实的故事，真人真事，也可以和孩子们讲讲，孩子听的故事越多，那他们的想象力就越丰富。

第四个 C 是角色（Character）。一个好故事是围绕各种有趣的角色展开的，孩子通过故事探索自己与他人思维的差异，揣摩不同的人的思维活动，孩子的社会情绪能力也能得到相应发展。

3. 多读故事可以提升孩子的语言运用能力

狄奥·多罗斯（Diodorus Siculus）曾经说过，"生活中最重要、最有用的事情，就是凭借读写能力才能完成——选票、信件、遗嘱、法条以及种种使生活上轨道的事情。"语文能力包括了两个方面：语言表达的能力，以及写作文章的能力。台湾暨南大学前任校长李家同曾经说过："大量阅读可以训练孩子的四种语言能力：一是很快看懂文章，并且抓到文章的重点；二是可以正确且清楚地表达自己的想法；第三是写文章合乎逻辑，不自相矛盾；第四是文章内容不落俗套，能有独特见解。"李家同老师建议孩子通过阅读经典来提升文学素养和语言能力，比如，梅约尔的《白鲸记》，远藤周作的《深河》，克里斯蒂的侦探小说《一个都不留》。相比之下，很多网络文章通常没有经过筛选就贴在网络上，有可能完全不符合逻辑，或有很明显的前后矛盾；也有可能是错误的信息，小道流言，或者是误导人的思想。大量阅读这类不妥适的文章，对孩子的思想是无益的。

4. 多给孩子讲故事能够滋养孩子的想象力

澳大利亚早教专家苏珊·佩罗指出，儿童并不是成年人的缩小版，想象力不同于人类其他大多数特质，想象力的力量一开始巨大无比，令人惊诧，但是它会逐渐萎缩。记得小时候，我的想象力能够把我送上云端（那些云一会儿变成奔马，一会儿变成海豚或者巨龙），也能带我翻越高山到别的镇上去，这种力量甚至能够使我融入花园里的植物和虫儿，与它们那颤动着、悸动着的生命合而为一。回到彼时，我记得那一切皆有可能、一切唾手可得的感受。然而长大之后，我就成了一个想象力匮乏的成年人，需要努力激活我的想象思维。我和很多成年朋友也有类似的经历。在成人的忙碌生活中，我们的想象力容易"枯竭"，就像肌肉一样，不用就会萎缩，经过锻炼之后才能重新强健。而儿童的精神发展处于一个更梦幻的阶段，既对物质实体开放，也对更微妙的、精神的实体开放，故事和童话中蕴含的真理能更好地滋养孩子的心智，滋养孩子的想象力。

第二节　限屏教育与想象力的培养

我们家没有电视机，iPad、iphone 等智能电子产品家里有，但是我们从来不在孩子面前使用，而且也不想让孩子过早接触这些智能电子产品。家里没有电视机，源于自己十多年前听过的台湾管理学教授曾仕强教授的一个演讲，谈及育儿，他说他们家从来就没有电视，从小给孩子的只是一面书墙。

几年前偶然读到《乔布斯传》，在苹果刚刚发布时，记者曾经对他进行了一段专访。

记者问他："你的孩子肯定很喜欢 iPad 吧。"

乔布斯的回答是："他们还没用过它，在家里我们会限制孩子们使用科技产品。"

《乔布斯传》的作者沃尔特·艾萨克森（Walter Isaacson）在书中写道："每天晚上在厨房的长餐桌上，乔布斯都会跟孩子讨论书籍、历史还有其他的事，没有人会拿出 iPad 或电脑出来。他的孩子看上去对电子设备一点也不上心。"

之后自己来到了美国，也遇到了不少有相同理念的科技公司的总裁和投资人：他们严格限制孩子的屏幕时间，禁止孩子在上学期间使用电子设备，即使在周末也会限制使用时间。

比如我旁边办公室的一位同事，他们家一共有 6 个孩子，从 3 岁到 15 岁，但是他和妻子都严格对孩子的电子设备使用时间进行管控，问其原因，他表示："那是因为我们亲眼目睹过科技的危害。我不想让它发生在自己的孩子身上，因为 10 岁以下的孩子最容易对科技设备上瘾，所以必须严格限制孩子的使用时间。在孩子长到 10 岁到 14 岁时，他们才被允许使用电脑，但仅仅是用来做家庭作业的。在我们家负一楼的书架上有上千本图书，可供孩子们随时阅读。"

我也阅读了一些脑科学方面的文献和书籍，进一步理解了美国的这些科技爸妈为什么限制孩子过早使用电子产品的理论上的依据。

尽管从学习效果上来说，多媒体可以作为一种辅助手段，但是并不能取代阅读。因为两者激发的大脑过程不一样，阅读是主动学习的过程，看多媒体只是被动学习。

阅读是一个主动的历程，脑神经科学家在功能性核磁共振（fMRI）和脑磁波仪（MEG）的实验中，看到阅读时的大脑是一路从视觉皮质活化到前脑，每一个字都会激发一连串跟它有关的字，是一个联想力的竞赛。

而看电视是一个被动的过程，电视的影片为了成为连续性的动画，必须在一秒内呈现 24 张图片，靠着视网膜的视觉暂留，让静止的影像成为一个连续的动作。

其实它不太有时间让你停下来思考，因为一停下来思考，后面涌出的讯息就会被忽略掉了。

但是看书阅读不会，你可以回到前面不懂的地方去仔细看，或碰到难的地方，停下来慢慢思考。

在神经学上，主动学习的神经连接得很密集，被动的却很稀疏。

虽然大脑对任何看过的东西都会有印象，但是这印象却是浮光掠影，跟自己思考过的很不一样。看书太久眼睛虽然也会累，但是没有看电视那么累。因为大脑天生对会动的东西特别注意，这注意力的分配是先天的，意志力无法控制。

阅读有助于培养和保护孩子的想象力。

电影或者漫画的导演的想象力，会锁住孩子本身的想象力，一旦接触后就跳脱不出来别人给画的框框了，比如现在孩子心目中的诸葛亮就跟电玩游戏中的人物一样，就是一个例子。

其次，孩子对文字的掌握，是必须要通过阅读才能精进的。在书本当中，作者可能花上一整页的篇幅去描述女主角的衣着容貌，但在电影中，可能一个镜头便交代过去了。

当父母给孩子养成阅读的习惯后，便给了孩子一个世界上最珍贵的礼物，只要有一本好书陪伴他，孩子就永远不会寂寞。

学会中文，他可以遨游中国上下五千年文化；懂英文，他可以去五大洋七大洲，上至天文下至地理，无远弗届。

他还可以与逝去的古圣先贤在书上做心智的交流，这是地球上任何一种生物都无法做到的。总之，阅读能力给孩子带来的喜悦和福祉是无可比拟的。

第三节　塑造未来学校的 PEAK 教育原则

正如克拉伯雷迪所言："我们的教育在用一大堆对孩子行为毫无指导意义的知识来压迫他们。他们已经无心听讲时，我们还在强迫他们认真听课；他们已无话可说时，我们还要强迫他们讲述作文与演讲；他们已毫无好奇心时，我们还在强迫他们仔细观察；他们已毫无发现的欲望时，我们还要强迫他们去推理、论证。我们总是在强迫他们做这做那却从不征得他们的同意。"

卢梭曾经讲过，想要培养孩童想象力，最重要的教育原则是不要爱惜时间，要浪费时间。如果说教育即生长，那么，教育的使命就应该是为生长提供最好的环境。

什么是最好的环境？第一是自由时间，第二是好的老师。

在希腊文中，学校一词的意思就是闲暇。在希腊人看来，学生必须有充裕的时间体验和沉思，才能自由地发展其心智能力。卢梭为其惊世骇俗之论辩护说："误用光阴比虚掷光阴损失更大，教育错了的儿童比未受教育的儿童离智慧更远。"

今天许多家长和老师唯恐孩子虚度光阴，驱迫着他们做无穷的功课，不给他们留出一点儿玩耍的时间，自以为这就是尽了做家长和老师的责任。卢梭却问你：什么叫虚度？快乐不算什么吗？整日跳跑不算什么吗？如果满足天性的要求就算虚度，那就让他们虚度好了。

美国加州大学伯克利分校的发展心理学教授艾莉森·戈普尼克（Alison Gopnik）教授，在《园丁与木匠》（*The Gardener and the Carpenter*）一书指出，"幼时的玩耍经验不仅会促使大脑产生这些化学物质，尤其是胆碱类的神经递质，而且还会使大脑对这些化学物质更加敏感，从而有助于大脑的可塑性"。

到了大学阶段，自由时间就更重要了。以我之见，可以没有好老师，不可没有自由时间。说到底，一切教育都是自我教育，一切学习都是自学。就精神能力的生长而言，更是如此。我赞成约翰·亨利的看法：对于受过基础教育的聪明学生来说，大学里不妨既无老师也不考试，任他们在图书馆里自由地涉猎。我要和萧伯纳一起叹息：全世界的书架上摆满了精神的美味佳肴，可是学生们却被迫去啃那些毫无营养的乏味的教科书。

现代脑科学也发现，大脑暗能量，是孩子想象力的关键。当我们什么都不做的时候，比如发呆或者开小差的时候，大脑并没有关闭，很多区域仍然在忙碌地工作着，这些脑区消耗的能量，比开动大脑完成某些任务消耗的能量还要多。美国科学家马库斯·蕾切尔把它比喻成大脑的暗能量，就像在宇宙中除了我们能感觉到的能量之外，还有更多的暗能量弥漫在宇宙的每一个角落。

知识的细节是很容易忘记的，一旦需要它们，又是很容易在书中查到的。因此，把精力放在记住知识的细节，既吃力又无价值。假定你把课堂上所学的这些东西全忘记了，如果结果是什么也没有剩下，那就意味着你是白受了教育。

爱因斯坦曾经说过："忘记了课堂上所学的一切，剩下的才是教育。"教育学家怀特海也曾经说过："抛开了教科书和听课笔记，忘记了为考试死记硬背的细节，剩下的东西才有价值。"

那个应该剩下的被称为教育的东西，用怀特海的话说，就是完全渗透入你身心的原理，一种智力活动的习惯，一种充满学问和想象力的生活方式，用爱因斯坦的话说，就是独立思考和判断的总体能力。

为了探究什么样的学习体验才能更好地让孩子们步入这个创新时代的准备，教育创新先锋泰德·丁特史密斯走遍美国50个州，与各行各业的人交流，他访问了美国200多所学校，举办了100场社区论坛，组织了1000次会议，泰德看到了许许多多围着应试教育和磨灭孩子创造力打转的教学环境，而在这样的大环境之中，也存在着许多独树一帜的学习场景。在这些教室中，学生们能够实实在在地掌握他们所学的知识，发展出关键的竞争力。泰德从这次全身心投入的教育长征中觉察到了别人看不见的东西。无论地理位置、年级高低、学校类型还是社会经济阶层，他发现拥有以下四项元素的孩子，都能在学习环境中茁壮成长。（如图4-1）

（1）目标感（Purpose）：对于那些对学生本人或他们所在社区很重要的问题，学生会努力去找到解决办法；对于那些能产生实际影响力，可以获得公开展示机会的项目，学生也会努力去完成。随着时间的推移，学生会坚定信心，认为自己有能力为这个世界带来改变。富有目标感的学习和工作，能塑造出富有目标感的学生。

（2）关键能力（Essential）：优秀的教师深知21世纪的人才竞争力和战略趋势，深知未来最需要的素质，是利用创造力解决问题的能力、沟通能力、写作能力、批判性分析能力、公民意识以及个性的力量。

（3）自主性（Agency）：学生能够在学习过程中拥有发言权。从很小的时候起，他们就要学习如何设定目标，管理自身的工作和学习，评估进度，并且坚持不懈，直到完成目标。随着孩子们学会如何学习，他们就不再需要正规的课堂教导。个人自主性，是指学生按自身的学习进度，在计算机上完成自学。同时，随着学生们相互之间的学习、启迪和激励，自主性的影响力也可以扩展到他们所在的整个社区。

（4）知识（Knowledge）：学生能够深刻而熟练地掌握知识，同时还能够将知识教授给别人。从学生创作、建造、制作和设计的产品质量中，能够看出他们对知识的掌握程度。在教师的指导下，学生也可以将自身所长拓展到相关知识和学科领域。虽然学生掌握的知识体量越来越庞大，整个知识体系也处于有机而不可预测的状态，但他们对知识的理解是深刻、高标准的，是能长时间保留的。

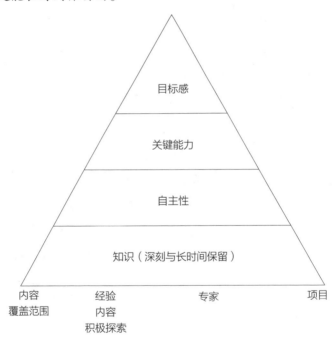

图 4-1 PEAK 教育原则

　　如果学校能从这四个原则出发思考教育，并将其渗透到日常的教育教学中，教育的面貌将会发生积极的变化。

　　泰德认为，孩子们根本不需要老师教，只要向他们提出恰当的挑战，为他们提供适用的设备，他们完全可以自学。孩子们身上潜藏的实力会变成决定性的人生优势，等到他们走出校门、步入社会的那一天，就有能力充分利用机器智能技术，为己所用。此外，我们需要向孩子们提出真实世界的挑战，让他们与其他孩子协作，为他们提供来自成年人的支持和帮助。而项目式学习正是人们在真实世界中的工作方式。我们要让孩子们以充盈和喜悦为主线，创造属于自己的学习成果档案。

　　在 PEAK 环境中，教师的角色发生了变化，教师不会想着怎样以超越互联网的博学向学生单纯地传授内容知识。他们会鼓励、调动学生的积极性，让学生自己去探索、批判，利用一切可以找到的资源。老师们不会站在讲台上喋喋不休、照本宣科，而是更像顾问、导师、教练。老师会用心去关注学生，他们是改变学生命运的关键人物。

　　PEAK 环境其实还强调了教育里的一个关键问题——信任。如果我们无法信任教师和学生，就做不到 PEAK，这一点是毋庸置疑的。PEAK 课堂为学生赋予了充分的自主性，任凭他们踏上不设限的发展路线。没人能够确切地知道学生们究竟在学习什么，更无法对孩子们的学习进行衡量。学生的学习成果无法整体划一地填入传统的成绩报告单、大学申请文件或标准化考试排名之中，但当孩子们用有机、充满激情的方式去学习，而不是单纯去追求分数的时候，令人叹为观止的进步就会自然而然地发生。[9]

如何有效管理好孩子的屏幕时间

第六章

第一节　过多屏幕时间如何影响孩子的健康

在屏幕时间如何影响儿童健康的研究问题上，研究者和科学家的工作还只是触及了冰山一角，但是足够让人警醒。为了找寻儿童多动症的原因，研究者对 2500 名儿童进行了一个研究，结果显示，一天当中儿童看电视的时间每增加一个小时，发生注意力相关问题的概率就会增加 10%。最大的问题是，某些类型的屏幕时间会引发肾上腺素的释放，包括所有令人兴奋、恐惧、紧张或者刺激的节目。比如，观看自己所忠诚的球队的关键比赛，或者你的游戏角色生命力降到低限。肾上腺素在人感觉到威胁的时候就会释放，不管这种威胁是否真实存在。这种威胁包括身体胁迫、恐惧、兴奋、冒险行为、吵闹和温度过高，这些大部分时间都会在屏幕时间出现。孩子在玩电子游戏过程中感受到的兴奋很有可能会引发肾上腺素反应。

过多的肾上腺素对孩子有害。因为每次肾上腺素分泌的时候，身体都会分泌可的松。可的松和肾上腺素一样也对身体有危害。可的松是一种"应激激素"，可以增加血压和血糖，同时降低免疫力。太多的屏幕时间会让我们更加焦虑，产生过多的可的松。积累至高水平以后，可的松会摧毁我们的肌肉骨骼，损伤消化系统，并减少身体各种重要激素的分泌。

可的松也会影响情绪，导致焦虑加重。对孩子来说，过多的屏幕时间便意味着让身体承受这些对健康有害的化学攻击。长时间坐在屏幕前会让我们的孩子精疲力尽，身体受到损伤。此外，未成年的孩子的想象力往往生动逼真，很容易陷入幻想中，他们很容易被刺激性强的网游所吸引，引发生理反应。作为父母，无法想象我们会让孩子坐上永不停止的过山车，每天坐好几次旋转木马，或者让他们持续兴奋好几个小时。在真实世界里，我们不会这样做。但是在数字世界里，我们却放任孩子。

屏幕时间和肥胖之间的关系：虽然没有一位医生敢肯定地说屏幕时间过多会导致肥胖，但是两者的关系是不可否认的。美国最近的一个研究调查了1万名学龄儿童，发现那些每天看电视超过一个小时的孩子，和看电视较少的孩子相比，发生体重超标的概率高出了52%。而这些屏幕时间太多的儿童更有可能成长为肥胖少年。研究者还发现，当家长开始限制屏幕时间以后，肥胖的发生概率便会减少。

屏幕时间和睡眠之间的关系：屏幕时间影响孩子健康的另外一个重要方面是睡眠。研究显示，使用屏幕导致上床时间推迟，睡眠时间缩短。然而还是有高达89%的孩子在临睡前使用平板电脑或者其他屏幕设备。92%的家长承认他们为孩子临睡前使用屏幕设备而担心。屏幕时间不但影响睡眠时长，还影响睡眠质量。有研究发现，青少年睡前玩让人兴奋的电脑游戏会显著减少快速眼动期的睡眠——也就是深度睡眠的时间。对于儿童来说，其大脑处于快速发育中，深度睡眠尤其重要。和成年人比起来，深度睡眠在婴幼儿的睡眠中所占比例明显高出了许多——成年人的深度睡眠大概只占全部睡眠时间的20%～25%，新生儿则占到80%。

如果屏幕时间导致孩子得不到足够多的高质量睡眠，那么孩子在白天就会感到困倦，学业成绩自然会受到影响。有人研究科技如何影响学习和记忆，他们请10位学龄孩子（平均年龄13.5岁）在第一天晚上打60分钟电子游戏，第二天看60分钟电视节目，第三天则不接触任何屏幕设备。孩子们需要完成家庭作业，这些家庭作业需要他们记忆很多信息。结果显示，玩电子游戏的晚上，睡眠受到干扰（上床时间也比平时晚 20 分钟），对家庭作业内容的记忆也受到干扰。研究者认为，在玩电子游戏的时候，孩子们的语言记忆功能降低。考虑到这个实验中，屏幕的使用只有每晚一个小时，而且是在临睡前几个小时（傍晚 6 点），这个实验的结果就更加令人警醒了。

英国儿童临床心理学家伊丽莎白·基尔比认为，儿童的卧室里不应当有任何屏幕设备。俗话说："眼不见，心不烦。"如果孩子在卧室使用屏幕设备，尤其是睡前或者熄灯后，家长的监管力度必然降低。因为在睡前使用屏幕设备会让孩子无法安静放松。大脑如果不断接受刺激，就难以停止脑部活动，从而影响入睡。

第二节　为什么屏幕时间这般具有成瘾性

科学家们发现，玩电游会让大脑释放多巴胺。多巴胺被称为"快感化学物"，可以刺激大脑的奖励中枢。最近的研究显示，电游所引发的多巴胺释放量等同于药物苯丙胺和哌甲酯（两者均为中枢神经兴奋剂）。事实上，神经科学家已经对屏幕和药物引发成瘾的效率进行了比较。最后发现，大部分游戏者看到它们熟悉的游戏图片时，大脑发生的反应就好像药品成瘾者联想到药品。正是因为这种成瘾效果，洛杉矶加州大学神经科学系主任皮特·怀布朗（Peter Whybrow）博士将屏幕称为"电子可卡因"。我最大的担忧是，如果让年幼的孩子过多地接触屏幕，频繁地稀释多巴胺会稀释快感。要获得同样水平的愉悦感，他们就必须付出更多的时间和精力来玩游戏。这样就很容易陷入恶性循环中。

神经科学家们也担心屏幕时间会对大脑产生影响。研究者发现，长期的网络成瘾（过度的网络使用）的确会改变大脑回路的结构。年幼的孩子正处在大脑发育的关键时期，我们当然不希望他们遭遇这样的改变。

研究显示，网络成瘾和大脑某些区域的功能和结构改变有关。这些区域的主要功能包括处理情绪、执行注意力、决策和认知控制。大量的屏幕时间会影响大脑处理情绪、集中注意力、持久专注、权衡信息以及做出决定的能力，从而最终影响思考。儿童的大脑还在不断发育中，更容易受到过多屏幕时间的负面影响。

如果孩子出现以下行为信号，就说明家长需要采取干预措施了：如孩子在不得不离开屏幕的时候，感到生气或者焦躁不安；屏幕活动成为他们谈论、玩耍和行为的唯一关注点；孩子感到焦虑，在屏幕时间高度集中，在离开屏幕之后也会整天惦记着，这会让他们筋疲力尽；孩子总是会防护自己的屏幕时间，甚至偷偷摸摸使用屏幕设备；他们把设备藏起来让你找不到，躲在卧室里用，或者在他们使用屏幕的时间长度上欺骗家长等等。

家长可以选择没收设备，或者等孩子年龄大一些的时候，家长感觉孩子能够自主地掌握上网时间的时候，再重新引回屏幕时间，从很短的时间开始。家长可以建立一个关于屏幕时间的计划和时间表，设定孩子可以上网的时间，并把其放在日程安排中。或者在一周内给他们一个时间长度，让他们自由安排。

总之，要避免孩子们网络成瘾，家长必须加大对孩子屏幕时间的监管力度。

第三节　家长如何有效地管理孩子的屏幕时间

对孩子的屏幕限制应该从两方面来进行：内容限制和时间限制。

内容限制方面，对于一个儿童而言，有必要限制他们接触不合宜的内容。家长可以这样做：

（1）启用过滤软件，大部分电子设备都附送此软件。

（2）使用网站的儿童安全模式，比如，YouTube 的儿童应用版本。

（3）使用儿童友好的网络浏览器，比如谷歌的家庭连接应用。

（4）给智能手机和电子阅读器增设上网限制。

（5）在电脑上开启家庭安全设置。

时间限制方面：

（1）一些游戏机有内置定时装置，到时间会自动关闭。

（2）无线网络限制，大部分网络供应商都会允许客户为联网的设备设置独立的时间限制，可以设定不同设备联网的时间和时长。

（3）一些家庭设有充电站，一到晚上，所有的家庭成员必须把屏幕设备放在那里充电过夜，这样可以避免孩子为了在卧室使用屏幕设备而和家长产生争端。为了公平起见，家长也必须遵守这条规则。

（4）我见过一个家庭使用两个无线路由器——一个给孩子，一个给家长。孩子的路由器每天晚上 6:30 准时关闭。孩子知道无法避免，所以从来没有为了这个而争吵过。

（5）还有一些应用程序可以帮助家长对屏幕使用进行限制监管和控制，比如定时锁（Time Lock）、屏幕时间（Screen Time）、屏幕限制（Screen Limit）以及双方契约（Our Pact）。

（6）在屏幕设备或者闹钟上定下时间，不过这并不能关闭屏幕设备。家长最好提前 5 分钟或者 10 分钟提醒孩子。

但是父母需要一个齐驱并驾的策略。技术手段往往会失效，孩子有时会解开密码。即使在家里有限制，他们还可以去公共场所使用无线网络，或者借用朋友的无过滤设备，而且游戏和应用程序也往往存在着家长不知情的漏洞。我最近去看一个朋友，她自己拿一个手机，她的女儿 5 岁，也拿着一个手机。我看她女儿的手机屏幕上是一个射击游戏的暴力图片，我问朋友知不知道，她说刚刚下载这个游戏时，看到这个画面比较卡通化，觉得可以给孩子玩，但是不知道游戏的情节如此暴力。

家长需要和孩子沟通，告诉他们如何识别那些不适合自己的内容，并且商讨在网上遇到令他们感觉烦躁不安的内容时应该如何应对。我们可以找到很多技术产品和软件来阻止孩子上网接触到不好的东西，但我认为，教孩子安全使用网络最好的办法就是交流沟通。

伦敦政治经济学院的媒体政策项目发现，一些家长喜欢采用时间限制或者用技术过滤器和软件来监控限制，而另一些家长则更愿意采用"授权"或"主动"策略，包括与孩子一起上网（共用），和孩子讨论上网经历等。据这个项目报道，同时使用两种策略的家长，一方面树立正面的数字行为模范，另一方面协助孩子设定边界，更能应付数字媒体的挑战，同时让孩子从屏幕中受益。研究发现，单纯限制可以在短期内避免风险，但长期来说，亦会限制孩子在数字领域的种种机会，最好的办法是帮助孩子建设心理弹性，比如家长尝试去理解孩子的屏幕时间，和孩子积极主动交流，顺着孩子的兴趣倾听孩子，和孩子建设一种正面互动的关系，这对贯彻执行规则非常关键。

此外，在管理孩子的屏幕时间时，最重要的准则是需要保持一致，不管选择哪一种策略，限制或监管，家长都必须保持一致。这种一致既包括前后一致，也包括所有家庭成员对规则的一致执行。比如你有时候同意，有时候拒绝，孩子们就会不停地要求更多。如果在奶奶这里可以使用屏幕，而妈妈这里不可以使用，那么他们就会想办法磨得奶奶让步。

把电子产品放在公共区域，让孩子的屏幕内容可视化。可以将电脑放在客厅，并建立只能在客厅等公共区域才能使用电子产品的家庭准则，这样父母能够观察、了解自己的孩子究竟利用屏幕在做些什么。尽可能减少孩子的被动屏幕时间，如看电视、查看社交媒体、观看网站视频、浏览网页等，增加孩子的主动／创造性屏幕时间，如使用 Scratch Jr（图形化编程应用）进行编程；使用教育应用程序来练习拼写，制作时间表；建网站或者写博客记录自己感兴趣的东西或者写网络日记；使用设备来制作小电影、动画片或小视频；照相并编辑，学习新技能；制作数字音乐；查找信息进行研究等。

第四节   言传不如身教：家长也需要限屏

孩子们是通过模仿父母来学习的，我们家长对待屏幕时间的方式直接影响到孩子的屏幕习惯。如果我们表现得过分依赖屏幕，他们就会养成同样的习惯，最终面临同样的困境。孩子在 0～12 岁期间，主要的模仿对象还是家庭成员。虽然外界，比如学校的老师开始影响孩子，但是孩子们更多的还是默认家长的行为以及家里发生的事情。孩子们脑子里认为"正常"的状态就是他们在家中的所感所为。

但是到了青少年以后，情况就大不相同，这个阶段的孩子更容易受到同龄人的影响。青少年时期是挑战父母、创建自己标准的阶段。青少年要寻求差异，而不是顺从。他们想要从家庭中站起来，或者走出去。而 0～12 岁阶段的孩子对差异不那么感兴趣，他们更加喜欢遵守和顺从。

心理学家阿尔伯特·班杜拉（Albert Bandura）的社会学习理论告诉我们，孩子是通过观察来学习社会行为的，具体而言，就是孩子是通过观察、模仿身边的榜样来学习的，而这个榜样，往往就是父母。每次家长们（包括我自己）查看手机、电脑或者平板时，都会向孩子们辩解自己的上网行为是"为了工作"，或者总是把"给我 5 分钟"和"等一下"挂在嘴边，不幸的是，孩子们并不真正理解这些言语，他们看到的是，父母在和屏幕互动。

很多孩子已经习惯于看到父母玩手机，他们得到的信息是，父母的屏幕设备远比自己更加重要。智能手机几乎已经成为我们双手的延伸。这一代的孩子出生在数字世界里，可能根本没有见过父母不用手机的样子。

但从儿童心理学角度看，孩子需要一对一的交流，他们需要感受到自己是重要的，值得你全神贯注地关注，当他们和你分享学校或者朋友的重要信息的时候，需要你放下手机。他们需要眼神接触，需要你认真倾听。

孩子们不希望看到你被微信或者其他屏幕信息分散注意力。最重要的是，孩子们需要你活在当下，全身心投入和他们在一起。遭遇情绪忽视的儿童在未来遇到情绪障碍和心理健康问题的概率会显著增高。而现代儿童正在遭遇这一切，父母没有给予孩子足够的心理力支持，仅仅是因为太过于专注屏幕设备。最后，不是父母远离孩子，而是孩子远离父母。

在屏幕时间里，家长们需要按照自己对孩子期待的那样，给孩子做出榜样，这意味着，屏幕时间或者时间表是给全家的，并非仅仅给孩子。如果你一边教孩子关闭屏幕设备，一边自己又不断查看电子邮件，那你的话说了等于白说。必须做给孩子看，如果你的微信铃声响了，不要马上去抓手机，要对孩子说："我现在正在和你谈话，我暂时不回复他们的微信。"

这些行为给孩子一个信号：他们比屏幕更加重要，而且你更加注重面对面的交流，拒绝成为技术的奴隶。如果我们希望孩子们拥有健康心态来面对屏幕时间，那么成年人自己必须先拥有这样的心态。

如何培养孩子的创新能力

第七章

第一节 第四次教育革命：人工智能时代需要的技能和素质

2013 年，牛津大学马丁学院的一项著名研究表明：在接下来的 20 年里，美国有将近一半的就业岗位会面临数字化的威胁。麦肯锡和普华永道的研究也表明：有一半的工作岗位会在 20 年内消失。德国经济学家克劳斯·施瓦布提出了"第四次工业革命"的概念，在他看来，第四次工业革命为我们带来了人工智能、机器人、量子计算机和物联网。他和前三次工业革命完全不同，前三次都是以技术进步为特征的，但第四次工业革命却会对政府、企业和各类组织都产生重大影响，因为这些机构之间都是相互关联的。

第四次工业革命意味着第四次教育革命，首尔大学前任校长吴然天（Yeon Cheon Oh）和许多人一样，都觉得大学必须在第四次教育革命的影响下做出改变。越来越多的人认为，大学需要花更多精力来培养学生的就业技能，尤其是那些人工智能和机器人无法代替的技能。这些技能包括什么呢？

1. 创造力

关于机器能在多大程度上实现创造性思考这一问题，学者们一直争论不休。但不可否认的是，在国际象棋和围棋比赛中，具备创新思维的机器人都已经成功地击败了人类冠军。每个人的创造力都略微不同，需要通过教育来进行培养，正如麻省理工学院学者埃里克·布莱恩约弗森（Erik Brynjofsson）所说："我们从未见过真正具有创造力的机器，也从未见过具有创业或创新精神的机器。"创造力是人类独有的，但也不是人人都有——学生的创造力需要通过教育来激发。不管是为了就业工作，还是为了他们自己，毕业生都需要有一种创业的心态、积极的心态。

2. 社交能力

机器当然可以模仿人类的情感，但它永远也不可能感知情感，社交能力是需要培养的，未来的大学需要在这方面给予充分的重视。牛津大学的卡尔·弗雷（Carl Frey）和迈克尔·奥斯本（Michael Osborne）曾表示："虽然算法和机器人目前可以完成一些社交互动，但还是很难识别出人类的自然情感。要让他们对这些情绪做出回应就更难了。"牛津大学前院长伊恩·戈丁（Ian Goldin）的观点很明确："机器不可能具备那些人类特有的素质，也就是爱、情绪和情绪反应。"STEAM、社会科学、人文科学和其他所有学科的毕业生都需要在学校里培养自己的人文素养。

3. 认知能力

强化人文科学的重要性在于，人文素养的提高有利于让孩子们获得更好的"认知能力"，也就是更先进的心理技能、思维模式和看待世界的方式。这需要四种技能。一是"系统思维"，也就是能从整体上把握企业、设备和课题，并综合考量它们的价值；二是"创业精神"，也就是能在工作和经济领域运用创新性思维；三是"文化敏感"，这能教学生在复杂的全球化环境中表现自己，理解不同的文化和不同的人；四是"批判性思维"，这是拿到国际学士学位（IB）的关键，它能提高学生理性分析的能力和辨别的能力。

4. 道德教育

目前评估教育成果的标准只有考试，这在一定程度上否定或者是淡化了道德教育的价值。但是良好的道德和品格才是良好教育的基础，或者说它们本来就应该成为良好教育的基础。做出道德选择是人类的本性，也只有人类才有权决定未来其他人、动物和地球生存的伦理问题。人文学科不能像科学一样给学生提供准确的答案，甚至社会科学也不行，但塑造人类的价值观才是人文学科最重要的目的。尤其是当下，学校通常更愿意开设"实用"的课程，这给人文学科带来了很大的威胁。所有学生都应该接受伦理道德教育，使其性格和智力共同发展。

5. 灵巧性

机器人正变得越来越灵巧，越来越逼真，但它们是否能完全复制人类的技能和熟练程度，这点还有待商榷。当然，我们也不希望它们这样做。我们并不想去体育场看机器人比赛，也不想被机器人在战争中决定生死，就算它们是对的，我们也不想看到它们代替我们照顾年迈的父母和孩子。在第三次教育革命中，大学常常会忽视对学生的身体素质教育，但现在必须重视起来。身体既是机器，又不是机器。我们需要交给学生身体的工作原理，教会他们如何与身体做朋友，如何把身体和思维联系起来。

2018 年 3 月，北京市海淀区教科院人工智能教学联合实验室揭牌，并举办了海淀区中小学人工智能教育培训班。海淀区教育科学研究院院长吴颖惠认为，在不远的将来，重复性的知识类教学有可能会被人工智能所代替，教师的工作将更多地集中在立德树人方面。实际上，人工智能必然会引起学习方式的变革，人工智能帮助学习的方式将成为一个主流方式，并且这种学习方式将为每个人提供一种伴随终生的因需而定、因需而学的一个学习的模式。

科大讯飞有近3000名的工程师从事教育领域的技术开发，可以看到教育因为技术的深度介入正在发生深刻的变化。目前，科大讯飞已经在口语智能评阅、纸笔作文智能评阅等方面的核心技术应用上颇有建树，并展望了智能阅卷技术的发展前景。

此外，科大讯飞在人工智能的场景应用方面，也是非常突出，他们发明的语音机器人已经能够赶超同声传译。在英语四六级测试当中，机器人的阅读理解和语音识别的准确率已经达到了90%。科大讯飞还和国内500多所中学、70多所重点高中合作，为学生提供定制化的错题分析路径以及知识结构思维导图。也就是说，未来以课堂讲课为中心的传统模式逐渐会被"以学生为中心"的机器人辅助学习的创新模式所取代。

比如，科大讯飞曾在安徽淮北的一所学校进行个性化的学习实验，将数学成绩中等偏后的学生组成了两个班，14个月后，这两个班的数学成绩已在全年级中名列第一和第二。与此同时，偏远地区的孩子，过去已经能通过远程教育接触到先进的教育资源；而现在，随着人工智能技术融入远程教学过程中，那些孩子们可以与远方的老师在教学过程中进行互动，课堂气氛非常活跃，更有效地发挥出了优质教育资源的辐射作用。科大讯飞希望通过人工智能、大数据等相关技术的应用，营造一种网络化、数字化、智能化与人性化相结合的终身学习环境，实现"人人都有一个AI教学助手"的目标，因材施教地帮助每一个孩子、每一个人实现人生梦想。

"如果说互联网改变了我们人类获取知识的方式和渠道的话，那么大数据和人工智能的发展，以及它们和教育、教学的融合，将会给教育带来颠覆性的变革。"中国教育学会会长钟秉林教授认为，未来虚拟现实、增强现实和人工智能等技术的发展及其与教育教学的融合，将颠覆传统教学过程，促使教师的角色发生转型，教师要从过去的知识传授者转变为学生学习活动的设计者和指导者。他同时强调，新科技虽然对教师的专业素养和权威地位提出了严峻挑战，但是并不能改变教育理念和目标，不能改变教育的初心。因此我们必须理性地看待信息科技发展带来的教育变革，遵循教育教学规律、科技发展规律和人才成长规律，要警惕陷入重点纯技术化的误区。

此外，关于如何做好教育与人工智能、大数据融合的问题，要突出聚焦。第一是聚焦质量。教育质量提升的前提是每一个孩子都能享受到适合自己的教育，这需要通过技术的应用，精准地匹配每个孩子的学习兴趣、能力等特点。第二是聚焦公平。我们的教育发展水平差异还比较大，需要通过运用新的技术方式，去推动实现优质资源的共享。第三是聚焦效率。通过运用新的技术和方法，能帮助老师减轻工作负担，能帮助学生减轻学业负担，减轻了负担就等于提高了效率。只有人工智能等技术能够实际解决好关键问题，技术和教育的结合才能达到更好的效果。

第二节　掌握编程，成为未来世界的创造者

每个人都应该学习计算机编程……因为编程教会你怎么去思考。

——乔布斯

未来将会有超过 65% 的小学生最终会从事尚不存在的工作。计算机编程是目前增长最快的行业之一，也是薪资水平最高的职业之一。

——凯西·戴维森

学习编程要比学习英语更重要，因为编程语言可以影响全球 70 亿人。

——苹果 CEO 库克

1. 为什么孩子需要学编程

编程被誉为"互联网时代，像语文、数学、英语一样每个人都应该掌握的必备技能"。就像 20 年前我们学习英语并不是为了人人成为翻译，而今天我们学编程，也并不一定是为了成为一名程序员，而是为了让孩子获

得一张未来世界的"通行证"。目前，已有16个欧美国家将编程纳入了公立学校的日常课程。美国前总统奥巴马明确提出："编程应当与ABC字母表和颜色同时得到教学"；英国最新的教育大纲规定，5～16岁儿童将开始学习编程；而早在20世纪90年代中期，以色列教育部就明确表示，计算机科学应该同其他科学学科一样受到重视，编程应成为中小学必修课程。

在我国，2017年"人工智能"正式写入政府工作报告，2018年"两会"，国务院总理再一次强调了人工智能给中国带来的历史机遇。教育部也将编程逐步纳入中小学基础教育必修课程。在2017年《浙江省深化高校考试招生制度综合改革试点方案》中就明确规定：将信息技术学科（含编程）纳入高中生的必学科目。浙江高考模式是语数英＋三门选考，信息技术就是其中一门，每门各占50分。同时，北京和山东也确定要把编程基础纳入信息技术课程和高考的内容体系，编程将成为孩子们的必修课程是大势所趋。

人工智能时代，编程将成为一种基础的、核心的技能，因为任何人工智能的实现都离不开编程。适应人工智能时代，掌握编程能力是大势所趋。编程语言是人机对话的一种语言，和人们用于沟通的汉语、英语等语言一样，有着相似的习得过程，越早接触，越能更好地掌握。同时，学习编程更像是一把钥匙，能够为孩子们打开一扇全新世界的大门，培养孩子多方面的能力。

（1）让孩子成为更好的思考者。当孩子学习编程的时候，孩子也会成为一个更好的思考者。比如，孩子将学会如何把复杂的问题分解成简单的部分，将学会如何找到问题并调试，孩子将学会如何在一段时间内迭代地完善和改进设计。计算机科学家周以真（Jeannette Wing）已经普及了"计算思维"这个概念，指的就是这种思维策略。一旦孩子学会了这种计算思维的策略，就会发现它不仅适用于编程和计算机科学领域，还能在所有类型的问题解决和设计活动中发挥作用。通过学习调试电脑程序，你能更好地弄明白问题所在，包括当孩子参照一个菜谱却没炒出好菜，或者听从别人指的路却还是迷失了方向的时候。

（2）培养孩子的身份认同感。人们在学习写作时，就开始用不同的眼光看待自己，并且用不同的眼光来看待他们在社会中的角色。巴西教育家、哲学家保罗·弗莱雷（Paulo Freire）之所以在贫困社区推进扫盲运动，不仅是为了帮助人们找到工作，也是为了帮助人们认识到"他们可以创造和重塑自己"。我认为编程具有同样的潜力。在当今社会，数字技术是进步和可能性的象征。当孩子学习使用数字技术来表达自己的想法，并通过编程来分享自己的想法时，他们就在以新的方式看待自己。他们看到了为社会积极做贡献的可能性，并开始把自己看成未来的一部分。

（3）培养孩子的耐心与专注能力。编程的严谨性决定了任何小的失误都将导致程序无法正常运行。因此在编写程序的过程中需要不断地调试、试错，无形之中就可以提高孩子的耐性和专注力。

（4）培养孩子的"编程思维"能力。如果说学外语是为了跟外国人沟通，学编程就是学习怎么跟电脑沟通。孩子在学习的过程中，需要运用抽象思维解决问题，也需要一种把抽象化为具体的能力，而这一过程也是培养孩子"编程思维"的过程。

（5）培养孩子整合信息、解决问题的能力。写程序从根本上说，就是电脑指令的重新排列组合，这就像小学的时候我们查字典学汉字、学成语，之后学习如何利用习得的汉字、成语组成句子，进而撰写文章一样。程式中的基本指令就是汉字，最终要完成一个有头有尾的程序，则必须融会贯通，学以致用。在这一过程中孩子整合信息、解决问题的能力会越来越强。

（6）提升孩子的逻辑思维能力。写程序是把大问题不断分割成小问题的过程。其中，必须去思考如何把代码合理地安排在整个程序中，让程序流畅地处理输入、演算，直到输出，这一过程对孩子的逻辑分析能力会有极大的提升。

（7）锻炼孩子团队协作能力。孩子在组队创作作品的过程中将慢慢学会如何沟通、协作，如何用团队力量解决问题，孩子的团队协作能力将不断得到锻炼，进而增强升学竞争力。编程逐渐纳入基础教育，学习编程知识，参加编程比赛，可以为留学升学加码。

（8）学习编程，越早越好。美国北乔治亚大学（UNG）计算机科学系终身教授步森·佩恩（Bryson Payne）曾说："小学是孩子开始学习编程的最好时候。等到孩子进入到中学，会具备更多的抽象思维，他们就可以开始花大量的时间去钻研和解决一些复杂的编程问题了，因为这个时候是孩子的大脑运转最快的时候，也是学东西最快的时候。"但学习编程并不代表孩子以后就一定要当程序员，或者软件开发工程师。编程可以启蒙孩子多方面能力的发展，为孩子以后的全面发展打下坚实的基础。从教育角度看，儿童编程的核心理念是把计算机编程看作与阅读、表达、数学等一样，作为孩子成长所需的基础技能来培养。

未来的生活中，人们使用数字化设备和软件来处理工作的需求会越来越大。这些变化就需要人们对计算机逻辑有更深的理解，要具备与计算机相近的"计算思维"，并具备与之关联的能力。

2. 少儿编程学什么

关于少儿编程的学习内容，不同的机构有不同的课程体系，经过两年的发展，"Scratch-Python-C++"少儿编程课程体系已经渐渐统一了这个行业。

（1）入门初级选 Scratch。在入门时让孩子学习 Scratch 的理由是，让小学生来玩编程，而非培养软件工程师。选择少儿编程入门语言应尽可能降低入门门槛，降低初学的挫败感，让孩子在几乎没有代码和错误挑战的情况下，专心感受程序逻辑。在自己完全掌控的情况下，获得每次课程的成就感，从而驱动孩子不断挑战越来越复杂的逻辑，形成孩子持久热爱的根本动力。

在所有的编程技术中，Scratch 是一个跨时代的技术革命，使用者不需要会英语也不需要记忆大量的编程命令，甚至不需要会使用键盘，Scratch 让编程和说母语一样简单，因此它是目前最佳少儿编程入门语言。

（2）Python。孩子学习 Scratch 一段时间后，图形化编程语言对他的帮助越来越小，这是因为设计精炼的工具和案例，时间久了容易限制孩子创造力的培养。举个例子，给 100 个孩子讲《白雪公主和七个小矮人》的故事，然后让孩子画白雪公主，会创造出 100 个白雪公主的样子；但给 100 个孩子看《白雪公主和七个小矮人》的动画片，孩子们画的白雪公主会大同小异，此时，孩子需要学习代码编程语言，可以选择 Python，因为 Python 能够最大限度地帮助孩子学习编程，与人工智能无关。

Python 是一个语法结构精炼、无乱七八糟的符号、完全将思维可视化的编程语言，阅读一个良好的 Python 程序自然得如同阅读英语一般。Python 非常简单易学，一个未接触过 Python 却有经验的程序员，只需几天摸索，就能写出不错的 Python 代码。此外，Python 适用范围广阔，游戏、应用、网页开发等等，Python 能胜任多种热门项目的开发。

（3）C++。为什么我们要教孩子 C/C++？不仅仅因为这是信息学奥赛语言。虽然 C/C++ 语言不是第一个高级编程语言，但是它们深刻影响了后来出现的高级开发语言，C++ 甚至影响着计算机开发语言的整个世界。计算机技术的每一步演变，都是技术的进步，思想的革新，对问题的解决，对局限的打破。如果一个人有机会学习两种不同年代的编程语言，就会深入地理解，这些人类历史上最聪明的人，他们的反思和对技术的认识。

另外，由于 C++ 彻底兼容了 C 语言，而 C 语言有能力操作计算机硬件中几乎每一个资源，所以深入学习免不了要知悉计算机体系结构，这是一个有机会打开 CPU 外壳去看内核的技术。因此，让孩子去参加信息学奥赛，我们并不聚焦于取得奖项荣誉，更希望孩子在学习过程中能够深入技术，体会算法之美，思考 C/C++ 发明者的思想，得到人生真正宝贵的财富。

针对少儿编程，有几个编程网站值得收藏，比如：

（1）Code.org。Code.org 是全球最大型的计算机科学和少儿编程布道非营利组织，旨在通过免费优质的在线课程资源，让全世界的孩子们都能享受到最前沿的计算机教育。风靡全球的"编程一小时"活动就是 Code.org 主办的，截至2020年8月，已有5.2亿人次参与编程学习活动。Code.org 主要依靠捐助维持运营，目前总共获得了数千万美元的捐助，捐助者都是鼎鼎大名的企业，例如微软、亚马逊、Facebook 等等，可见国外对于计算机教育的重视程度。适合7岁以上的孩子。官方网址：http://www.code.org。

（2）Scratch。Scratch 是目前最流行的少儿编程软件，提供图形化、积木式的编程界面，让孩子能轻松上手学习编程知识。Scratch 官网的作品展示非常丰富，有来自全世界的孩子的编程作品。孩子们在学习过程中可以到 Scratch 官网寻找创意灵感。适合8岁以上的孩子。官方网址：http://scratch.mit.edu。

（3）少儿编程学院。少儿编程学院是由"中国少儿编程教育网"推出的少儿编程教育 MOOC 学院。它通过公益免费的形式，让知名教师入驻学院，提供公开课、录播课、直播课等优质的免费课程。少儿编程学院支持 PC、ipad、iphone 等终端播放，课程视频访问速度快，无广告，只需要注册登录手机号即可学习。适合6岁以上的孩子。官方网址：http://edu.shaoerbc.org。

（4）Code Combat。Code Combat 是一个编程游戏网站，从图7-1可以看出，整个网站就是一个网页游戏，孩子们需要通过编写代码，让游戏主角完成任务通关，真正将玩和学结合起来。

图7-1　Code Combat 网站

如图 7-1，右侧是编程区域，孩子通过编写代码程序，控制左侧的主角，完成该关卡的任务，即可通关。该平台目前支持 Python、Js 等主流编程语言。适宜 10 岁以上的孩子学习使用。官方网址：https://cn.codecombat.com。

（5）Light Bot。Light Bot 是一个面向幼龄儿童，提供编程思维启蒙的游戏，孩子通过设计指令，让游戏中的小人通过路径把灯点亮。适宜 7 岁以上的孩子学习。官方网址：http://www.lightbot.com。

3. 让孩子学习少儿编程需要注意什么

（1）兴趣排在第一位。学编程也是要看兴趣的，没有兴趣很难坚持下来，让孩子学编程的基础就是孩子对此有兴趣，愿意尝试。学编程和学奥数一样，应该谨慎选择。可以把这看成一把双刃剑，使用好了，对于孩子学习数学，培养逻辑思维能力很有帮助；但如果使用不正确，产生逆反心理的话，那就得不偿失了。

（2）不能急功近利。学习编程不会有立竿见影的成效，编程更侧重于对孩子逻辑思维能力的锻炼，系统观的形成，以及创造思维和解决问题的能力的培养，这都是潜移默化形成的，需要一个长期积累的过程。

（3）持之以恒，挑战难关。一旦孩子开始学习编程，家长要鼓励孩子保有热情和兴趣，不能半途而废，要坚持，这样才能更好地了解和学好编程。编程是一种流畅的表达形式，就像写作一样，当孩子学习写作时，仅仅学会拼写、语法和标点是不够的，还要学会讲故事和交流想法。编程也是如此。要想学习编程的基本语法和标点，挑战难关可能是很好的办法。无论是写作还是编程，以项目为本的方法都是达到流畅的最佳途径。即使大多数人不会成为职业记者或者小说家，但是对于每个人来说，学会写作都是很重要的。编程也是如此，即便大多数人不会成为专业的程序员或计算机科学家，但学会流利地编写代码对每个人都是有价值的。麻省理工学院教授米切尔·雷斯尼克（Mitchel Resnick）指出，编程是写作的延伸，它

能让孩子"书写"出新的东西，比如互动的故事、游戏、动画和仿真模型。

第三节

犹太人培养孩子创造力的秘诀

犹太民族是个创造知识奇迹的民族，一共有200多位犹太人获得过诺贝尔奖。常春藤盟校中，30%以上的教授是犹太人。犹太民族，还被誉为最会做生意的民族。华尔街所有投资银行都是犹太人创办的。财富100强企业拥有者中，30%以上是犹太人。有人戏谑地说："全世界的钱都在美国人口袋里，而美国人的钱却在犹太人的口袋里。"犹太人培养孩子创造力的秘诀在哪里呢？我们不妨先走进以色列的小学。

走进以色列小学一年级的教室，我们会被眼前景象震惊。从繁忙的学习环境到高频刺耳的噪声，从孩子们用名字称呼自己的老师到学生们不愿意坐在指定的位子上，种种现象表明，以色列的教育是十分随性的。学生为了和自己的朋友谈天说地，常常拽着椅子在教室里到处走。在一间有35～40个6岁儿童的教室里，一位老师总要努力向学生们解释说明自己的要求或观点。用不了多久，整堂课就会变成一场协商会议。临近课间休息的时候，老师会告诉学生他们有15分钟的课外活动时间，但是学生会立刻尝试和老师谈判，为自己争取一个更好的"交易结果"，一个学生可能会说："我们可不可以休息20分钟？因为我们今天早上表现得很好。"一场这样的互动结束了，老师会告诉学生们他们只能够从教室里带出去5种玩具。学生们便会立刻在小组内讨论，如何在他们的休息时间内最好地分配这些玩具。讨论结束之后，他们会一起把方案报告给老师。然后老师的决定经常会被一个替代性方案所挑战。

以色列的课堂规则是用来被打破的，或者从最低限度来说，是用来被质疑的。就像你想象的一样，伴随着大量的质疑、协商和独立思考，课堂很容易变得人声鼎沸、喧闹不堪。也正因如此，这些一年级的孩子能够很早就被推着去创造性地思考，无论是作为个体还是某个小群体的一份子。

在以色列的课堂里，问问题是内化事实信息、作出科学假设和发展创新能力的一部分。表面上所呈现出来的混乱极有可能是这些年轻学生试图在自己的大脑中建立秩序的重要表现。英巴伦·阿里利（Inbal Arieli），一个成功的连续创业者，为我们精准地描述了混沌无序（Balagan）这一概念是如何促进创新能力和独立自护能力的："混沌无序与思想和创造的自由是并肩而行的，一如预期，最新关于无序环境对行为所产生的影响的实验已经证明了，当整齐的环境孕育同意的行为时，混乱的环境在刺激一系列新的深度思考的形成。"

当一个中国家长看到孩子在游乐场爬上滑梯，而不是滑下时，会想怎么这么混乱，如何阻止呢？而以色列的家长们在孩子们玩耍的时候几乎不会进行任何干涉，他们任凭社会实践的发生，只要没有人会陷入危急的人身伤害当中。没有规定的玩耍模式本身对孩子就是一种社交能力和智力的双重挑战，而从发展创新性思考者和冒险家的思维模式来看，这种模式也是举足轻重的。

肯·罗宾逊（Ken Robinson）在 Ted 演讲"学校是不是在扼杀创造力"时提出创造力"在教育中与读写能力一样重要，我们应该一视同仁，平等对待"。从更为哲学层面上来说，瑞士精神学家和分析心理师卡尔·荣格（Carl Jung）的理论也是众所周知：在所有的混沌中蕴藏着宇宙，在所有的无序当中潜伏着秩序。我们可以通过容许和鼓励一定程度上的无序来激发个性与创新。比如中国词典里的"危机"，定义为危险与机遇的结合体，一场危机，或者混沌，天生带有冒险性质，但是从中也可以发现创造力和革新力（机遇）。对于家长和教育者们来说，最重要的第一步是成人无序，未知在培养创新型思考者中有着重要的作用。这样做并不意味着放弃中国文化中的社会与道德准则，也不是否认追寻秩序在生活中的重要性，我们的目标只是为创造一部分"混沌无序"留出空间，然后从中获益。具体而言，可以从以下几方面着手。

1. 让孩子像新生儿一样自由探索

我们需要做的就是看着一个新生儿，告诉自己创造与探索是我们基因中的一部分。婴儿们在他们生命中最初的几个月里摸索如何翻身、挥手、爬行和走路。与此同时，他们凭借本能去实验和尝试，直到他们找到自己的方法。作为孩子，他们每天都从日常用品中捣鼓出新的游戏，常常想象一个神奇的世界并想去探索它。中国父母与祖父母可以把这种能力还给自己的孩子们，帮助中国学生保持他们在婴儿时代就有的那种创造革新的能力。鼓励孩子以自己的方式寻找答案，而不是循规蹈矩，追求唯一的标准答案。这意味着忽略主流认为的"正确"方式，转而专注于找到解决方法的创新过程。这种来自"混沌无序"的创新型思维就如肌肉一样，是一种必须给予足够多锻炼机会才能精通的技能。通过在童年生活中持续使用这种技能，中国学生将在成人后，还能够借用相同的能力来革新他们周围的世界。

2. 鼓励孩子多问"为什么"和"如果"

"为什么"和"如果"是两个最重要的问题，我们可以用来将"混沌无序"结合进日常生活中的问题。问这些问题并不意味着一个学生拒绝现存已被证明的事实，而是意味着他们求知若渴，在任何领域都要精益求精。要想获得巨大的成功，精益求精是很重要的原则和态度。通过为好奇心留白可以重塑一个新的科目或者让学生开始质疑和询问，就像学习第二种语言一样，我们需要持续的练习才能提高学生问问题的熟练性，才能让学生获得新的工具和技巧来探索他们在课堂上或家里学到的想法和概念。通过问"为什么"和"如果"，学生们将做出新的跨学科的关联，并且借助这样的知识和创造力来进行革新。

3. 逆向思维

探索解决问题的新方法，家长可以鼓励孩子运用逆向思维，尝试把问题倒过来思考，或者关注问题的周边，或者直接将问题从其背景中抽离出来——创新者愿意做一切能够活跃他们思维的事情来找到最终获得成功的途径。在各种实际尝试中，我们可以最大限度地运用不同的新的方法，来找出下一步该如何做，确保孩子们能够自己反思并找到自己的节奏和进度。

此外，犹太民族还非常善于将军队的团队思想和学习经验融入孩子的创造力培养过程当中来，主要体现在以下几个方面。

1. 把团队放在第一位

无论是体育活动还是军事活动，同仇敌忾和团队协作是以色列团队的核心。尽管中国学生在乒乓球、国际象棋之类个人活动上有明显的优势，但是中国的家长和教育工作者也应该把团体活动融入教育当中，让年轻学生们懂得团队协作的价值。例如，鼓励学生参加像足球这样的运动，在集体环境中培养应对身心挑战的社交技能。团队中每一个成员都要对自己负责，但是只有当他们能够统一战线一起工作时，团队才能获胜。

2. 树立自信

以色列人年轻时在军队服役的一个主要目的就是培养他们的信心，自信不仅能够影响学生的表现，还能够影响他们对未来的判断，并给予他们挑战未知的勇气。有了信心，失败似乎只是通向更好的技能、更好的表现和最终的胜利之路的一个障碍而已。最优秀的职业运动员知道天赋不是一切，要想赢得比赛，他们必须对自己的能力有一种天然内在的自信，树立自信，如同任何技能，是一个长期的过程。通过消除对失败的恐惧，关注学生在学习过程中取得的微小但重要的成就，家长和教育工作者们可以帮助培养学生的信心。比如，一个父亲，运用鼓励墙，持续不断地鼓励再试一次而不是惩罚失败的习惯可以改变孩子的自我认知。这样做能够运用它们的信心来形象化地设想他们的成功，并最终得以真正实现。

3.重新定义失败

曼德拉（Nelson Mandela）曾经说过："我从未失败，我不是赢到就是学到。"如果我们能够像爱迪生那样在发明电灯之前，找到999个行不通的办法，失败也就没有那么不堪忍受。让孩子真正意识到，犯错误和失败都是生活中的一部分，每个人都是在犯错误当中成长起来的。但是在中国传统文化当中，影响孩子大胆冒险、尝试不同路径的最大阻力在于家长对"必须成功"的执念。尤其是独生子女家庭，孩子从出生的第一天开始，就承载着多达6个成年人的关爱和照顾。独生子女的教育以及他们未来的成功都是中国父母和祖父母的头等大事。

许多家庭都会竭尽全力为孩子提供最好的教育机会，父母将养育孩子当作"第二份工作"，竭尽一切为孩子的教育和考试提供所需的一切。在中国应试教育为导向的大环境下，家长过分地强调学习成绩，孩子们缺乏发现、想象和玩耍的空间，常常沦为学习机器。要想让孩子获得持续的内驱力，我们需要超越对失败的接受，而从经验中吸取精华，以科学实验的方式研究：失败的原因是什么？为了下一次做得更好，我们能够做出哪些调整和改变？从额外的辅导到改变每天的计划，都可以用来促进未来的成功。父母和老师对失败的态度越宽容，孩子们就能从教训中吸取到越多经验，就会有更多的胆量去尝试，去挑战未知。

在以色列旅居多年的黄兆旦指出，犹太人从小就有意识地培养孩子好奇心、好学等基本能力，具体而言，她总结了以色列教育成功的九大要素。

（1）像难民一样思考。只有今天值得好好把握，谁也无法预测明天。

（2）多提问，多辩论，新的注意和创新的办法会在不断提问中浮现。学会提问是非常重要的。不辩不明，通过辩论，不同的意见会向真理靠拢。

（3）冒点风险，大胆行动。不要害怕失败，要有信心，才能探索你的潜能。

（4）去留学，去旅行。打开你的心胸去探索新的国家和文化，回来的时候将会是更好的自己。

（5）无所畏惧，勇往直前。大胆追求你的梦想，不让任何东西阻挡你追求梦想的步伐。

（6）找准自己的节拍，跟从你的兴趣，拓展你自己的边界，培养自我意识和强大的自信。

（7）拥抱无序的混乱，开始的杂乱无章是创新必不可少的组成部分，坚持，你会发现惊喜。

（8）编程是重要技能，掌握从 0 到 1 这些数字可以造就下一代的创新思维。

（9）成为最好，成为最强。真正的发明创造是源自创新的想法和一往无前的坚持。结合自己的兴趣，具备创业者的精神，这样可以在竞争中独占鳌头。

第四节　培养创造力路径和思维工具

加州大学达维斯分校的西蒙顿教授在研究了科学家的创意过程之后，认为那些所谓的新创意，其实来自大脑对旧知识进行的几乎随机的重新组合。平时很多奇怪的念头或者组合都被你的意识压制住了，但是当你的注意系统放松的时候，"大脑暗能量"在起作用，这些新奇的组合进入大脑的意识当中，就成了创意。记得我大学毕业时，听过美籍华人吴克龙教授的讲座，他强调如果要创造力强，知识面一定要宽广，这样才能酿出思想的"百花蜜"。

我们平时遇到很多脑瓜灵活、总是能想出很多创意的人，他们总能想出独特的解决方案，很多人羡慕他们，说他们创新能力强。其实，创造力不是先天就有的，而是可以后天培养的。

大量的针对大脑暗能量的研究表明，如果平时注意跟孩子玩一些小游戏，就能够提升孩子的创造力。

1. 发散性思维游戏

在生活当中，有很多问题是没有标准答案的。比如可以问孩子关于杯子的问题，除了用来装水，还可以用来装什么呢？可乐？咖啡？牛奶？酱油？易拉罐是金属做的，形状、大小、材质能否改变？孩子可以根据特征和不相关的信息进行匹配、联接，这就是发散性思维。在和孩子一起读绘本、进行亲子互动阅读时，可以问孩子："如果你是小红帽，你碰到大灰狼了，你会如何做呢？"

2. 联想性思维游戏

乔布斯说过，创造力就是联接不同的事物，如果你能找到看上去好像一点关系都没有的几样东西之间的联系，那么这几个东西之间的差异程度越高，创新程度就越高。比如，三个风马牛不相及的东西，如马车、婴儿、窗户，什么能和这三个都联系起来呢？如果我们运用一个很短的小故事，比如一位妈妈抱着婴儿坐在马车上，经过一个房子时，听到有人打开窗户向他们大喊，停下停下……此外，也可以和孩子玩一些游戏，比如从简单的找两样东西之间的联系开始，鼓励孩子从不同的方向去联想，尤其是把联想性思维用到创造力活动当中。

3. 反事实想象游戏

如何运用反事实的思维，激发孩子的想象力呢？第一，对过去进行推断，如果本来不是这样，会怎么样呢？对于已经发生的事情，可以引导孩子想象，事情本来可以有什么不同。第二，对当下的思考，如果现在不这样，有什么其他的可能性？平时和孩子相处，不要直接给答案，多问问孩子，这个事情如果不这样做，还能怎样做呢？孩子们都喜欢玩假装游戏，比如我们家儿子和女儿就经常玩牛妈妈、牛爸爸的游戏，假装手上拿着东西，两个人经常一起你一言我一语，沉浸在他们的世界当中。第三，对未来的计划，如果未来是这样的，会怎么样呢？鼓励孩子想象未来的各种可能性。

比如我问我儿子："你最喜欢的是什么？"他说最喜欢的是乐高，我就问他："未来的梦想是什么？就是未来想做什么样的工作？"他说想做乐高的设计师。那我说："如果你想要成为乐高设计师，要怎么样才能实现这个梦想呢？"他说，要学习画图纸、数数、写字，我就激励他说："行，那我们现在就开始学习这些内容吧。"思考"如果……会怎么样"是在思考这个世界的各种可能性，这是创造力的体现。

世界创新思维大师爱德华·德·博诺《教你的孩子如何思考》（*Teach Your Child How to Think*）一书中认为，家长如果想要培养出具有创造性思维的孩子，可以让孩子先掌握一些创新思维的工具，让孩子养成良好的思考习惯。其中最重要的一个思考框架，就是六项思考帽。六项思考帽既是一种思考框架，同时也是一种指引注意力的工具。

（1）白色的帽子：代表对信息、统计数据、客观事实、数字的掌握。我们现在掌握了哪些信息，我们需要了解什么信息？我们如何获得那些缺少的信息？

（2）红色的帽子：代表我们自己的直觉、感觉、情绪、本能。通过正式的渠道发表自己的直觉和感觉，并且自己能够意识到它们是直觉和感觉，而不是逻辑判断。

（3）黑色的帽子：用来评估和检查，这个提议符合我们的经验、信息、价值观判断吗？黑色思考帽总是被要求建立在逻辑的基础上，必须有足够的理由来支持。黑色思考帽与 PMI 和 C&S 有关。

（4）黄色的帽子：找出提议中的好处和优点，为什么某件事情是可行的？黄色思考帽也与 PMI 和 C&S 有关，另外，和黑色思考帽一样，黄色思考帽也必须强调逻辑性。

（5）绿色的帽子：创造力、行动、提议和建议。这是创造性的帽子，它要求提出建设性的想法和新的主意。绿色思考帽直接与 APC 关联。

（6）蓝色的帽子：总结和控制思考过程的本身。我们正在做什么？我们下一步应该做什么？蓝色思考帽直接关联于 AGO、焦点和意图、结果和结论。

面对日益复杂动荡的未来世界，需要我们做出良好的思考。思考的质量决定了孩子未来发展的质量，作为父母，最好能帮助孩子们把思考变成一种爱好或运动。一方面，孩子们可以通过思考练习来锻炼和运用自己的头脑；另一方面，发展出更好的思考技巧对孩子们来说既有社会意义，又能极大地提高他们的自信，而且还充满乐趣。

培养孩子成为良好的思考者，除了借助六顶思考帽之外，还可以借助以下几种思维工具。

（1）AGO（Aim, Goal, Object）：方向、目的和目标。这是思维训练课程中拓展感知和指引注意力的一个思考工具。具体而言，指的是我们思考的目标是什么，我们想要实现什么目的，我们想获得什么结果，我们关注的焦点在哪里。AGO 把我们的注意力指向了思考的目标。如果我们能清楚认识到自己的思考目标，我们就会更有可能实现这个目标。比如可以和孩子一起以 AGO 为思考工具展开讨论：

①为什么年轻人必须上学，分别为父母、老师、社会和青少年做 AGO，你自己上学的 AGO 是什么？

②你认为你朋友现在的穿着并不适合她，对此，做一个 AGO。

（2）CAF（Consider All Factors）：考虑所有因素，环顾四周，全面探索。我们的思考中应该包含哪些因素？我们遗漏了什么吗？还应该考虑其他什么因素？我们在"推进"自己的思考之前，确保我们已经考虑到所有应该考虑的因素了吗？

我们必须自己主动去寻找这些因素，他们不会像教科书的例题那样自动呈现给我们。现实生活中的思考可能毫无头绪，如果你遗漏了重要的因素，你的思考不可能会有好的结果。

在学习 CAF 思考工具时意味着添加应该考虑的因素。

遗漏了哪些因素？

你能在我们已有的考虑因素清单上再考虑一个因素吗？

还应该考虑哪些因素？

重要因素和次要因素就是有区别的，但主要的努力是要全面地找出要考虑的事情。

（3）OPV（Other People View）：其他人的观点。有人思考，就会有人受到这些思考的影响。让我们运用 OPV 这个工具将我们的注意力指向那些受到影响的人的看法。

这个工具的关键问题是：

①这个思考的结果（行动）会影响到哪些人？

②被影响的这些人会有什么看法（想法）？

具体而言，就是这些相关人会是谁？他们的想法会是什么？这涉及了哪些价值观？

OPV 指的是要去关注他人此时此刻真实的想法，而不是他们应该怎么想。尝试站在别人的角度，设身处地地思考这个问题，使自己能够感同身受。

有些人会直接受到这个思考结果的影响，而另一些人只是间接受到了影响。思考者应该把这些人都考虑进来吗？或者是只要满足自己的价值观就好了。一个好的思考过程经常会用到 OPV。

可以运用 OPV 进行以下练习：

①邻居院子里有棵漂亮的树，越长越高，直到有一天，它遮挡住了你家客厅的阳光。对于这件事可能涉及的人，以及这些人的看法做一个OPV。后来有一天，突如其来的风暴吹倒了这棵树，倒下的树砸坏了你的房子，对此也做一个 OPV。

②一个男孩子喜欢在学习的时候放很大的音乐，而且他不喜欢用耳机。他的父母和姐姐都喜欢在安静的环境里工作。对此做一个 OPV。

③本地政府增加了税收以期改善教育。这件事涉及了哪些人？对他们

的想法做一个 OPV。

（4）APC（Alternative Possibility and Choice）：其他可能性、选择方案。这个行动还有什么备选方案么？还能做些什么？还有哪些可能的解决方案？运用 APC，可以努力创造出各种可能的行动方案。APC 也应用于解释和感知。APC 帮助我们检索各种备选方案的仓库。我们还有什么选择？如果我们别无选择，那么就停下来创造一个出来。

有些时候，我们不得不去寻找其他的方法，因为原来的方法已经行不通了。某些时候，我们需要主动地寻找其他的方法，因为我们相信一定会找到比现行办法更好的想法。

可以和孩子一起来做 APC 的练习：

①你和你的朋友们组成一个团队，为慈善事业募捐，你只有一天的时间，要尽可能多地募捐钱款。做个 APC，想想有多少种办法来完成这个任务。

②你家附近特别的脏，因为有人总是乱扔垃圾。你打算怎样解决这个问题？做一个 APC，找出至少 3 个解决的办法。

③你能想象把电视机做成其他什么形状吗？如果可以，先用 APC 列出你的想法，然后用黄色思考帽看看设计成其他的形状有什么优点和好处。

（5）FIP（First Important Priorities）：优先考虑的事项。有些事项必须得到优先考虑。比如，在任何航空和交通的思考中，安全问题都必须被优先考虑；在制定法律和政策的时候，人权和公正问题必须被优先考虑；对于大部分设计师而言，方案实施的便捷性是必须要优先考虑的；对于企业老板而言，成本和利润是被优先考虑的因素。

通过使用 FIP，我们要努力寻找哪些是最重要的事情，哪些是真正重要的（有些并非重要，而是我们基于自己的想象）。并非所有的事情都同等重要，当我们清楚了解哪些才是需要优先考虑的问题，我们就可以在各种备选方案中做出选择了。

究竟哪个替代方案最符合优先原则？尽管通常都是在对替代方案进行

选择的时候才会运用 FIP，但是在思考的开始阶段做完 AGO 之后，马上就可以明确设定什么是优先项。你的 FIP 设定得越严格，就越容易依据它来做出决定。在做 FIP 练习的时候，最好设定一个数目限制，可以是 3 个、4 个或者 5 个。如果超过规定数目，可以考虑将几个不同因素合并成一个值得优先考虑的因素。

（6）C&S（Conclusion and Solution）：结局和方案。可以把这个感知工具理解为"因果关系"。采取某个行动，做出一个决定、选择，制定出一个计划，产生一个创意或者其他什么，他们的结果都是在将来才会发生的。因此，你必须考虑这些行动、决定、选择、计划、创意等可能带来的结果。

思考以下几个问题：当我们选择了一个替代方案作为思考的结果之后，问题可以得到解决吗？采用这个方案后，接下来会发生些什么呢？会导致什么样的后果呢？这可以带来什么利益呢？会不会有什么麻烦或者危险？

C&S 也可以用于做决定。通过对每一个替代方案做 C&S，我们就能分清哪一个方案是最好的。操作层面上，可以和孩子们一起启动一个五分钟的思考程序。

五分钟思考程序

1. 第一分钟

明确你思考的目的，明确你思考的焦点。

明确你需要什么样的结果。清楚地认识到各类情况。

2. 接下来的两分钟

根据你已经掌握的信息和经验来考察事物。

然后将你的想法缩减成为几个可供选择的方案。这些方案可以是行动的方案，也可以是解决问题的方案。比如，以下的几个问题可以帮助你进一步思考：

①有没有显而易见的答案？通常的解决办法是什么？

②我想要做什么？我怎样才能把我的愿望付诸实际行动？

③还有哪些其他办法呢？

3. 第四分钟

这个阶段要进行方案的选择或决定。

可以提出以下问题：

①哪一个方案看起来更为可行？

②哪一个方案更容易被人们所接受？

③哪一个方案最符合我的需求和优先考虑的因素？

④哪一个方案最符合这个思考练习的情境？

思考练习的具体情境很重要。有的时候，可能要求你找出最合理的答案。有的时候，可能要求你原创出一个方案，即使这个方案不一定起作用。

4. 最后一分钟

这时候，如果你已经得出了结论、答案或者决定，即可对你觉得可行的理由进行检查，从而对你的结论作出检验。如果时间允许的话，你还可以将它与其他可能的答案进行对比，以证明它更好。

如果你没有得出最终结论，那么你就应该用其他方式来说明你的思考结果。

比如，通过思考，你了解到了哪些？

你考虑过哪几个方案（即使你没能在它们之间做出选择）？

还可能有哪些方法（即使这些方法不一定是最终的解决方案）？

你还需要哪些进一步的信息？

阻碍是什么？关键问题是什么？

在最后一分钟，你必须说出你的思考结果。你应该主动这么做，而不要等到被问起时才这么做。

接着，尝试一起运用逻辑和感知改变思考的角度。

感知就是我们如何看待周围的世界。

逻辑就是我们最好地利用那些感知。

智慧直接建立在感知的基础上，智慧就是将很多事情考虑进来的能力。这些事情既包括现在的事情，也包括未来的事情。智慧意味着从不同的角度来看待这个事情。

感知的两个主要方面是：宽度和改变。因此，我们可以习惯性地问两个关键的问题：

①我的视野有多宽？

②还可以从其他什么角度来看待事物？

改变就是从不同的视角来看待事物。比如一个鞋子推销员去非洲推销鞋子，写道："这是一个可怕的市场，这里根本没有人穿鞋。"另一个推销员却写道："这是一个很有潜力的市场，这里还没有人穿鞋。"

（7）PMI（Plus，Minuse and Interest）：有利因素、不利因素和兴趣点。PMI首先关注于考察事物的优点，并且记录下你所看到的一切（对于与有利因素无关的观点，要将其忽略不计）；然后，请关注事物的缺点，同样记录下你所看到的所有（要求同上）；最后，专注于考察兴趣点并做记录。简言之，就是先考虑有利因素，再考虑不利因素，最后是兴趣点。可以运用PMI来评估每一个替代方案，以帮助我们做出选择，PMI中的兴趣点关注于对可能性和机会的发掘，进而引发创造性的思考结果。比如：

①可以让学生每年选出他们喜欢的老师，并根据他们的选票来给老师评定职称，对这个主意做个PMI。

②每个孩子每年应该拿出完整的一个星期用于做家务，包括买菜、做饭、打扫房间，等等。你认为这个主意如何？做一个PMI。

第五节　如何培养孩子的设计思维

不同年龄的小学生混在一起上课，同一个班的孩子学习进度却不同，没有整齐排列的桌椅，墙上贴满了便笺纸，孩子一人一个 iPad，做着不同的学习项目……

这些情形在传统学校里几乎不能想象，却是硅谷乃至全世界目前最火的小学——阿尔特学校（Altschool），最日常的上课场景。

这所极度强调个性化教学的学校，由谷歌前高管创办，早前获得包括扎克伯格在内的 1 亿美元投资，有着让无数孩子向往的教学特色，如"电子化教学"——孩子在线完成定制课程，又如"学生参与课程设计"——孩子在档案里写上兴趣爱好、强项弱点、个性偏好等，这将成为老师制订学习计划的依据。

而最让我们印象深刻的，则是其设计思维和创造力特训课。

1. 让孩子成为问题发现者

Altschool 的总裁马克思·维蒂拉（Max Ventilla）曾说，他们想培养的学生"不单单是一个问题解决者，更是一个问题发现者"。

那么，如何培养这种能力呢？据 Altschool 官网介绍，每年他们都会邀请设计专家给学生们开设一堂设计思维以及创造力特训课，这可不是教孩子们画画或捏橡皮泥，而是让孩子用创意解决真实存在的问题。

比如图 7-2 中的学生采访了自己的搭档——一个游泳迷，并决定为朋友做一款新型护目镜。

"我先用一种特定的防水纸、胶带、橡皮筋贴出框架，再在上面挖了两个洞，一开始并不牢固，我就用强力胶加固，没想到真的奏效了！然后我再找些塑料做优化……"

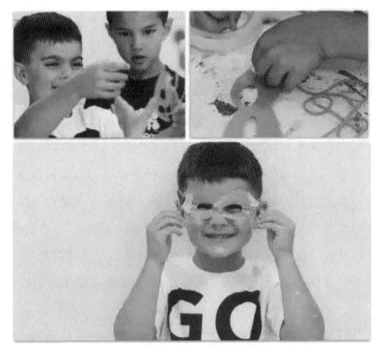

图 7-2　新型护目镜的设计

特训并不要求孩子做出完美的模型,相反,它希望孩子更关注创想的过程,勇于行动,而不总想做个完美计划。除了采访、头脑风暴等,它还鼓励学生接触不同的工具材料,把所有点子变成看得见摸得着的模型。

"每个孩子都有很多创意,但他们需要一种训练,把自己的创意变成能带来改变的解决方案。"Altschool 学生主管安尼特·拜尔(Annette Baier)曾如是说。

最后,学生还要学以致用,重新设计自己的教室——没错,这里老师不会提前布置教室,因为他们认为,没有孩子的参与是没办法也不可能布置出一个真正为学生着想的学习环境的。

2. 创造力特训：设计思维

这种创造力特训的主要内容，就是"设计思维"（Design Thinking）。

设计思维是风靡欧美中小学的一种创造力培养方法，本在硅谷的创新企业及跨国公司用于新产品开发与迭代，斯坦福大学设计学院把它归纳为一套科学方法论后，迅速在教育界流行开来。

设计思维尤其注重培养孩子的同理心、发现问题、解决问题的动手与团队合作能力，可以简单概括为以下几点。

（1）同理心（Empathize）：同理心又叫换位思考，指站在对方立场体会他人的情绪和想法、设身处地思考的一种方式。它是设计思维中强调以人为中心的核心环节，其核心目标是为了了解目标受众的需求，为接下来的定义和解决问题奠定基础。同理心的过程包括对目标受众进行观察、参与、倾听等，常用的方法工具有：观察、深度访谈、档案数据分析、KANO 模型等。

实际上，斯坦福大学的设计思维之重便是同理心。设计思维并不是自我艺术修养的无限发挥，而是为客户做设计，设计的对象不仅是物，还可以是人，是为真实的世界做设计。因此，充分了解用户是做好设计的核心。

要做到同理心，就要履行以下三点。

①观察，不仅仅是观察用户行为，还要把用户的行为作为其生活的一部分来观察，要知道用户的这个行为所产生的连带效应。

②与用户交谈、调查，填写问卷，或者以设计师或者以研究者的身份去跟用户"邂逅"，然后尽可能地了解用户的真实想法。

③沉浸，去体验用户所体验的。

（2）定义问题（Define）：对问题进行界定，也就是信息整合的过程。即需要在看似混杂、无序的信息碎片中努力寻找尽可能多的需求点，并对其进行思维加工，从而定义出一个有意义且可行的问题。在该过程中常用的方法工具有：同理心地图、五问法（Five Whys Method）、KJ 法等。

（3）创想（Ideate）：该阶段是一个集思广益的过程，通过各种方式刺激更多想法的生成。在整个创想过程中，"延缓评判"是一个非常重要的原则，即既不能对他人的观点做出评论，也不能轻易否定自己头脑中萌生的想法。该阶段常用的方法工具有：头脑风暴法、SCAMPER、九宫格法、KJ法、世界咖啡、六顶帽子等，这些也是阿童木人工智能在创客课堂上常常采用的方式。

（4）快速原型（Prototype）：原型就是充分利用身边唾手可得的材料快速将想法表现出来的过程。通过不断地创建、测试和迭代修正模型，越来越靠近用户的需求，逐渐生成更佳的解决方案。在实施过程中要特别注意"快速"这个原则，即快速实现功能部分的完善，不纠结于材料的选择和模型的完美度。常用的表现形式有：模型、情境故事、电影、手绘图、软件设计、3D打印等。

（5）测试（Test）：测试是为设计者提供用户反馈的一个过程，它虽是该模式的最后一步，但并不意味着整个设计过程的终结，它可以为设计者指引一个更接近正确的方向。该过程由目标受众完成，通过回到最初的用户群体，测试想法并获得反馈。实施过程中要注意让真实用户参与体验，不断询问开放性问题，仔细观察用户表情及肢体语言等，以获得更多潜在的信息。常用的方法有：问卷调查法、观察法、访谈法等。

简而言之，设计思维＝传统的设计思维方式＋视觉化优化＋人文性思考。

案例：Altschool 创新设计实践

在 Altschool 的旧金山湾区分校 Yerba Buena，教室已被学生们改造成他们的"概念餐厅"，整个设计过程沿用了设计思维的五步法。

首先，孩子们会去采访调研、访问当地的餐馆，了解一家成功的餐厅如何运作，运用同理心收集需求；

接着，团队开始头脑风暴，分工合作——包括描述餐厅的概念、商业模式和筹集资金、创建预算表、营销计划等等；

再后来，他们把理想中的餐厅材料都做了出来，比如 logo、菜单，并亲自烹制美味的食物。

当然，产品做出来之后，还需要设计思维的最后一步，就是检验与优化，在课堂上展现之后，他们不断地尝试其他小组的食谱，一起讨论优化的可能，把老师和家长的反馈都收集起来，逐步完善自己的餐厅。

不仅是学生参与，Altschool 的家长开放日，也不忘把设计思维引进来——每年，Altschool 都会举办"Altschool Family Maker Day"，邀请学生、家长、工程师、维修专家齐聚教室，一起把废旧的东西重新修补和改造。

在"变废为宝"之前的一个重要环节，就是进入一个名为"Design Thinking Den"的小房间里，先深入学习设计思维的五步骤。

接下来，才能开始制作——比如"复活"一个坏掉的机器人，用"我的世界（Minecraft）"3D 游戏制作模型，探索电子电路，制作复杂的机器，甚至用喷胶枪、清理烟斗的工具、橡皮筋、纱线等毫不起眼的材料拼出不可思议的手工品……

同样地，这个活动也并非要求人们做出一个完美无瑕的成品，而是鼓励他们把创意变得有章可循，并且身体力行地改善生活、解决问题。

设计思维现已贯穿于 Altschool 孩子们的日常学习中。让五六岁的孩子学习设计思维有必要吗？Altschool 是这样回应的："设计思维帮助孩子建立同理心，并发展出健康的思维模式。"

"设计思维培养的不仅是能力，还有品格。"Altschool 官网上的这段文字让人深以为然："善用同理心，主动设计并把产品反复更新、优化，是 21 世纪最关键的技能。每当学生为自己的设计制作新版本的时候，他们发展出最关键的社交技能，比如坚毅力、合作能力和耐力。"

在培养孩子的设计思维以及项目学习过程当中，如何让孩子的思维更具有创意呢？美国教育学家、心理学家罗伯特·艾伯尔（Robert F. Eberle）提出可以用 SCAMPER 策略引导孩子提出新颖的问题，激发他们的创新思维，SCAMPER 是由英文中的七个单词或短语的首字母构成的，他们分别是：

（1）S = Substitute（替代）：

是否有取代原有功能或材质的新功能或新材质？

可以使用什么样的其他产品或流程？

有什么规则可以被替代？

能不能把这个产品用在别的地方？或者代替别的东西？

如果改变你对这个产品的感觉或态度，会发生什么呢？

（2）C = Combine（合并）：

如果把这个产品和另外一个产品结合起来创造出新的东西，会发生什么呢？

哪些功能可以和原有功能整合？

你能结合什么来最大限度地利用这个产品？

如何将才能和资源结合起来，为这个产品制定一个新的制造方法？

（3）A = Adapt（调适）：

如何改变产品的形状、外观或感觉？

可以添加什么来修改这个产品？

可以强调或突出什么来创造更多的价值？

这个产品的哪些元素可以加强，从而创造一些新的东西？

（4）M=Modify（Magnify，Minify）（修改）：

如何调整或重新调试此产品，以满足其他目的或用途？

这个产品是什么样子的？

可以模仿什么人或什么东西来调整这个产品？

你的产品还能放在什么环境中？

你还能用其他什么产品或想法来获得灵感？

（5）P =Put to other uses（其他用途）：

你能在其他地方使用这个产品吗？或者在其他行业？

还有什么别的人可能使用这一产品吗？

这件产品在其他的环境中会有什么不同？

能不能从这件产品中回收利用组件，以制造新的东西？

（6）E=Eliminate（消除）：

可以怎样简化或者流线化这件产品？

能够消除些什么特点、零部件或规则？

可能低估或降低什么？

怎样才能让它更小、更快、更轻、更精致或更有趣呢？

如果拿走这个产品的一部分，会发生什么？

你会用什么来代替它呢？

（7）R=Re-arrange（重排）：

如果逆转这个过程或以不同的顺序排列，会发生什么？

如果你想做的和你现在尝试做的完全相反呢？

可以用什么配件来替换这个产品的订单？

可以逆转或交换哪些角色？

如何重新组织这个产品？

SCAMPER 是一种有效的认知策略，为学生提供了一组问题，他们可以自己"思考"并检查自己的设计。如果给孩子布置任务，让孩子用SCAMPER方法思考设计一款新的自行车，可以从这七个方向思考：

（1）S：Substitute 替代，车轮的钢丝可以用什么替代？链条可以用什么替代？哪些材料可以用来做车架？可以做成充气自行车吗？

（2）C：Combine 合并，如果自行车和酒吧合并会是怎样？能变成可移动的酒吧吗？自行车和钢琴合并会怎样？会随着路况或蹬踏的节奏产生音乐吗？如果和花盆合并，是否能让每辆自行车变成一簇美丽的风景？

（3）A：Adapt 改造，如果把车轮变成方的，会变成孩子们的玩具车吗？如果将车把手做成可拆卸的会怎样？如果不是坐着骑车而是躺着骑车，会是怎样的感觉？

（4）M：Modify（Magnify, Minify）调整，如果做成迷你自行车，可以放在背包中携带，会有哪些可能性？如果做成汽车大小的自行车，有什么好处？

（5）P：Put to other uses 其他用途，可以用来发电吗？可以用来做机器的动力源吗？可以用来在广场上画画吗？可以用来踢足球吗？

（6）E：Eliminate 去除，去掉一个轮子会怎样？不用扶手把握方向有什么好处？

（7）R：Reverse（Re-arrange）反转，动力轮变成前轮会有什么好处？正反方向蹬踏都可以前进的自行车有什么好处？

这七个不同方向的思考，往往会给孩子们带来一些灵感。研究也表明，SCAMPER策略对于引导参与者提出新颖的问题，激发他们的创新思维很有价值。通过SCAMPER提问，孩子们能够更好地形成设计思维，使得创新想象的火花不断迸发出来。

第六节　新加坡教育创新实践：

运用创新思维培养孩子解决问题的能力

新加坡是一个神奇的国家。面积只相当于北京的二十四分之一，人口也只有五六百万人，却创造了许多项世界第一：从城市基础设施建设，到全球化程度、生活质量等等。最近几年一份世界排名，更把新加坡评为"教育素质全球第一"，"学生解决问题的能力全球第一"。

那么，我们就来看看新加坡设计技术课堂中，老师是如何运用设计思维来培养孩子解决问题的能力的。

1. "会唱歌的楼梯"先开脑洞

新加坡的学校有专门的创意课程，其中一个主题"未来城市设计师"是为新加坡未来发展出谋划策，探究人文、交通、食品、环境等六大城市生活领域存在的核心问题，并通过"设计思维方法"这一风靡海外中小学的创造力训练方法，最终设计一款产品，策划具体的营销方案。课程一拉开帷幕，老师就给孩子们分享了一些让人脑洞大开的国际设计案例。其中一项便是瑞典的"钢琴楼梯"。（如图 7-3）

图 7-3　钢琴楼梯

当人们走上钢琴楼梯时，每走一个台阶，就相当于按下一个琴键，扬声器就会播放出相应的音调，不同阶梯发出不同的音调。老师给孩子们分享这些案例，想表达两个意思：一是设计思维不等同于设计；二是趣味性可以促使人们的行为往更好的方向发展，如瑞典钢琴楼梯的设计所倡导的一样。

2. 专业的任务卡，游戏化思维

游戏化思维是国际教育创新实践中很重要的通用方法。如图 7-4 中，老师通过给孩子们一张任务卡，不仅布置了核心任务——有什么创意的方法可以改善亲子沟通？而且还为孩子提供了解决具体问题的工具网站。

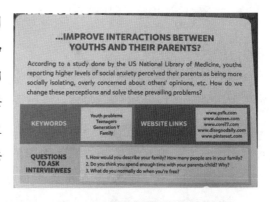

图 7-4　新加坡创意思维课的任务卡

任务卡上的任务有：如何使儿童上学更安全？如何鼓励人们多锻炼？如何让代沟问题减少，改善亲子沟通……这些问题看起来很容易是吗？实际上仔细想一下，这些小问题，其实都是大课题，是从国家到企业到学者，都在思考的主题。好的设计，是发现人们习以为常却存在瑕疵甚至巨大漏洞的产品细节或服务，然后改进它。

3. 户外采访，每个孩子都需要这场"探险"

设计思维中最重要的环节之一就是"同理心"（Empathy），就是本文所说的"小事"——换位思考，所以外出采访一定是设计思维课程中孩子们的必修课。通常，孩子们会被安排到新加坡的商场、街头等地进行采访。每个小组必须紧紧围绕自己想解决的问题安排活动，而且有时间和数量规定：在1个小时内，至少采访20个年龄各异的人，收集他们的反馈意见。

出发前老师们也给了建议，鼓励那些相对内向的孩子张口说话：先介绍自己，礼貌说占用你1分钟的时间，然后开始提问。问"当您闲下来的时候您一般会……？"这种具象的问题好过"您最喜欢的放松方式是什么？"……孩子们采访时用的笔记本，设计非常简单，大块留白，方便孩子们记录。每个采访对象记在一页纸上。主动与陌生人搭腔聊天，对于孩子们来说不亚于一场"探险"。但这样的探险，是每个孩子童年时代必须经历的。

4. 30分钟想出100种方法

采访归来，同学们开始做"用户画像"。这听起来很专业，操作起来其实十分轻松有趣：准备一张大白纸，从所有被采访的人当中，选出四个有代表性的，仔细分析他们的信息，分别填入白纸上 say、think、doing、feel 这四个格子里，然后把上面提到的四个典型代表身上所有的特点，集中到一个人身上。由此，同学们能迅速理清自己要帮助的对象的特质，以更好地站在那个人的立场。但在用户画像之后，导师团们发布了一个疯狂任务：头脑风暴。根据采访的收获，每个小组必须在30分钟内想出100个方法，以解决他们锁定的对象正在面临的问题。一开始，所有同学都惊讶了，但在导师一再鼓励下，最终所有小组都想出了 30 个、40 个，甚至 50 个方案。

5."泼冷水"：创意越多越好，但最后一定要会筛选

同学们所有的点子被写在彩色贴纸上。但是正当一些同学为自己的点子之多感到小傲骄的时候，"冷水"来了。导师们很认真地告诉大家：为他人设计，为用户设计，就要筛选需求和创意，聚焦最核心的一个问题，去解决它，而不是面面俱到。

于是孩子们开始为自己的想法打叉。这其实是一个残酷的过程，但是非常有价值。太多的家长和教育工作者，引导启发孩子们的创意，这并没有错，但是如果创意仅仅停留于天马行空，不筛选，不动手，就有失偏颇了。

几十个创意经过小组讨论和筛选，只留下了 1 ~ 2 个，成为设计方案的核心。设计思维强调的不是创意本身，而是筛选创意，发现问题，然后动手，解决问题。看看孩子们采访、筛选过后的一些创想吧：比如解决人们爱睡懒觉的问题，一个小组便提出，应该发明一台"到点了，就会自动站起来的床"，让人无法赖床……

6.群策群力做模型，并用乐高制作小电影

在课堂中，有一组孩子通过群策群力，最后确定的产品是——智能碗。这个小组领到的任务是：改善人们的饮食习惯。他们希望发明一个便当盒，可以计算食物的卡路里指数，为使用者提供吃多少、吃什么等建议，更有趣的是，这个碗的制作材料非常特殊，可以阻止食物味道四溢，因为在新加坡的公共场合，特别是教室、公交车或者图书馆等密闭的空间，是不可以吃东西的。最后，这个小组把"智能碗"定为最终方案，并画了草图，产品模型出来之后，每个小组又都用乐高积木，为自己的方案拍摄了一段广告片，介绍自己小组产品的特征以及卖点。

从本质来看，新加坡设计技术课程的核心是探究与解决问题。设计技术课程要求使用设计周期作为工具，它提供了用于构造问题的查询和分析、可行解决方案的开发以及解决方案的测试和评估方法。

在设计技术科目中，解决方案指的是学生独立开发的模型、原型、产品或系统。设计技术课程通过培养学生的批判思维和设计技能，使他们能够在实际环境中应用，从而达到高水平的设计素养。实际上，科学和技术都与设计有着根本性的关系，技术虽然先于科学，但现在大多数技术的发展都是建立在科学理解的基础之上。应用科学发现来解决问题可以使设计者创造新技术，而这些新技术反过来又会加快科学发现的速度。设计技术课程的目的就是培养学生使用新技术和现有技术来创造新产品、服务和系统的能力，拓宽学生对技术和设计思维的理解，培养具有国际思维的人才。

宏观层面上，新加坡政府在 2010 年 11 月，基于经济战略委员会的建议——通过提升人们的设计思维能力来促进持续的经济增长并维持竞争优势，在新加坡设计理事会（Design Singapore Council）旗下成立了设计思维与创新研究院（Design Thinking & Innovation Academy，简称 DTIA）。DTIA 主要通过以下三种方式来实现"设计驱动创新"的目标：第一，面向企业和公众传播设计思维方法论，增进人们的意识；第二，通过设计思维课程及工作坊，在应用层面对企业和公共机构加以引导；第三，通过管理和战略层面的设计以及设计师的培养驱动持续的创新。除了面向企业和公共机构的设计思维课程及工作坊外，DTIA 还有专门针对学龄前儿童设计的项目"视野无穷"（Many Way of Seeing），这一项目作为设计教育的补充，通过为老师和学生们提供和设计师一起工作的机会，让他们对设计和设计思维有初步的认知。

在位于新加坡国家设计中心（National Design Centre）二楼的 DTIA 办公室的走廊上，可以看到 DTIA 的很多里程碑事件：2011 年，通过两项新的"设计思维"国际技能认定标准；2012 年，开展了多次由设计专家引导的基于项目实践的设计思维工作坊，主要面向食品行业、零售服务业以及医疗机构等。从 2010 年 DTIA 成立至今，已经有超过 6000 人从 DTIA 提供的课程和工作坊中受益。

此外，新加坡设计理事会还成立了"设计创新援助"小组，专门帮助新加坡的企业将设计思维运用于服务创新。为了鼓励更多的企业参与设计创新，新加坡设计理事会还提供专项的设计投资信贷服务等等。

在教育领域，新加坡政府与美国麻省理工学院（MIT）以及浙江大学合作，于 2011 年创办了一所概念新颖的大学——新加坡科技设计大学（Singapore University of Technology and Design，简称SUTD）。SUTD 拥有四大跨学科的学术支柱——建筑与可持续设计（ASD）、工程产品开发（EPD）、工程系统与设计（ESD）以及信息系统技术与设计（ISTD）。校长马尼安蒂教授（Thomas Magnanti）在致辞时指出，"大学在很多方面独具匠心，我们的结构、课程和文凭着重于产品、服务与系统，这正是当今乃至未来世界发展最重要的基础。这种由社会需求驱动、由外至内主导的课程设计，与一般大学由内至外的教育方式形成强烈的对比"。

这所大学还有一个鲜明的特点是，在正式开学前就已经同国防部敲定两项合作——设立专门从事国防系统方向研究的淡马锡实验室（Temasek Laboratories），以及网络安全研究中心 iTRUST。教务长张道昌教授在接受采访时说，与国防部的研究合作，体现的正是这种由外至内的研究取向，这将着重改善四大国防系统：无人驾驶、军事、资讯和工程，以及加强网络安全。他说："我们从大处着眼，设想我国国防 10 年后所需要的系统，再从小处入手研究符合这类系统要求的设计，确保其实效性。"新加坡科技设计大学还以前内阁资政李光耀的名义，成立了一个创新型城市研究中心，这个中心成立的目的是通过融合科技和设计，来应对未来的城市发展及管理。

可见，新加坡政府在推动设计思维方面做了大量的工作，尽管政府的力量也是有限的，但它所扮演的角色却是恰到好处——为设计驱动创新构建良好的生态系统并给予政策性支持。新加坡自身文化的多元性、人才的

国际化、教育水平的先进性，更是为传播和实践设计思维创造了良好的条件。虽然说设计思维在新加坡扎根也不过几年的时间，但可以感觉到他们不断在努力做得更多，譬如在 2014 年 3 月，首届新加坡设计周成功举办。相信新加坡设计（Design Singapore）未来会成为新加坡的国家品牌，使得新加坡在亚太地区成为耀眼的"设计明星"。当然，我们也期待中国设计（Design China），而不止是中国制造（Made in China）这一新时代的到来。

第七节　培养面向未来的 STEAM 创新者

STEM 代表着科学（Science）、技术（Technology）、工程（Engineering）和数学（Math），而 STEAM 则是 STEM 加上艺术（Art），而这里所增加的"A"（Art）不仅仅包括美术、音乐、舞蹈等狭义的艺术，还包括语言艺术在内的广义的艺术。STEAM 代表着科学（Science）、技术（Technology）、工程（Engineering）、艺术（Art）和数学（Math）。简单来说，就是运用科学、技术、工程、艺术、数学的技能作为切入点，来引导学生探究、批判、创作的学习方式。通过 STEAM 连接艺术与科学，破除艺术与科学一分为二的假象，不仅能够培养孩子不同领域所需要的重要技能，而且还能够帮助学生与某一个学科建立联系，最大限度发挥自己在该学科的天赋与才能。

STEAM 是在 STEM 的基础上加上 Art。把 STEM 与 Art 结合之后的 STEAM，必须是结合"实用性"与"创造力"，通过"解决问题"的技能来赋予某种社会价值与改变生活的意义。最有效的办法便是，从设计的角度来结合科技、科学与艺术。STEAM 代表的理念有：

1. 知识获取的共同性

艺术的创作过程在许多方面和基础科学学科的性质相似。基础科学强调的是从理性思维与实际操作的流程中获取新知，从观察中发现问题、找资料、研究，然后假设、验证，进而解决问题。学习者在这个强调结集理论与实践，以解决问题为本，动手操作的过程里，一直是手、眼、脑并用，激发触觉、视觉来学习特定的概念和知识。这些感官感知有效地促进学习的动力与思考力来解决问题、分析整合、批判验证。同样地，艺术创作的过程也是一种"干中学"的实践，从构思的那一刻开始，便具备有效地运用在其他领域里的潜能。创作是运用批判性思维、不断解决问题来达到预想的结果。

2. 创造力、实用性与自觉性

STEAM 的学习以生活中实际的问题为导向，鼓励学生结合创造力与实用性来解决问题，即从动手实际操作的过程中寻找答案，经由不断整合、调整、审视来了解自己在学习过程里的角色与学习的成效。

3. 跨学科领域的实践

STEAM 的学习是融合科学、技术、工程、艺术、数学的整体实践，积极运用这些学科需要的学习技能来深度学习。

4. 艺术实用化

STEAM 促进艺术的实用性，凸显 Design+Art 的经济效益，把设计的原理融入实用科学领域，进而达到"真实世界"的学习。

STERM 教育有助于孩子学习如何解决问题、逻辑思考及更深入地了解世界。一旦获得这些技能，他们将受益无穷。研究表明，家长的参与，对孩子学 STEAM 是一种很大的鼓励。就算你不是工程师、医生、科学家，只要留出与孩子互动的时间，就可以做到这一点。那么，父母该如何培养孩子的 STEAM 思维？

1. 与孩子谈论 STEAM 话题

在日常生活中，随时启发孩子学习知识。

比如，当孩子将球抛向空中时，可以跟他讨论重力问题；

在切分馅饼时，可以讨论分数和百分比；

在做饭过程中，可以讨论测量、沸腾和蒸发等问题；

玩车辆玩具时，可以让孩子学习有关滑轮、杠杆和发动机等知识；

购物时，可以增强孩子的数数能力、计算能力及估算能力等。

请注意！根据所讨论的主题，你要提前做一些知识储备工作。

2. 鼓励好奇心和提问

首先，你要对所看到的事物表示好奇，并表现出学习兴趣。

家长的热情将是孩子对 STEAM 产生兴趣的最大推动力。

孩子提问题时，最好不要直接告诉答案或提供解决方法，敦促孩子自己去搜索信息，独立思考，最终得出一个问题的多种可行的解决方案。

多向孩子提出开放性的问题（没有正确或错误答案的问题）。

比如你为什么喜欢那款游戏（或玩具、汽车、手机软件等）？

是谁设计出来的？

这个产品还能改进吗？

如何改进这个产品？

通过这一系列的提问，促使孩子进行更深层次的思考与交流。

3. 鼓励孩子像工程师一样思考

让孩子明白，一个问题通常可以有多种解决方案。寻找解决方案的过程，可以培养创造性和协作性（与他人合作）。

他们可以为解决方案创建模型，进行一系列尝试后再改进模型。培养孩子像工程师一样，能够发现问题，尽力寻找解决方案，并尝试观察是否有效，再做相应改进。

使用电视、计算机和其他技术来培养 STEAM 思维。

陪孩子一起观看科技类电视节目，结束后讨论节目中的内容。在拜耳的 2 分钟视频节目——《让科学变得有意义》里，有一些不错的讨论点，例如：

冰块为什么会漂浮？

什么是流星？

什么是纸？

微波炉是如何工作的？

4. 让家也具有 STEAM 特色

让家的氛围反映出孩子的兴趣。若你的孩子喜欢组装东西，那就和他们一起玩积木或乐高之类的玩具，这有助于提高日后学习数学和解决问题的能力。

如果孩子喜欢自然，就为他们提供一些户外学习的机会。

在合理的范围内，家长要尽可能支持孩子尝试新事物的热情，比如，搭建一个实验室或者可以建模的地方，提供各种材料和工具，让孩子们安全地使用。这些材料和工具不必买太贵的，可能只是一些纸杯、工艺棒、胶水等。

5. 参加一些与 STEAM 相关的休闲活动

参观当地科学博物馆或探索博物馆，学习相关科学知识。参观机器人竞赛或创客交易会，鼓励孩子积极提问并参与其中。

寻找能够教孩子学习的校外新事物，比如数学兴趣课、STEAM 夏令营和科学活动等。

6. 促进协作和团队合作

邀请孩子们一起参与 STEAM 挑战，比如，建议孩子们成立一个 STEAM 发明俱乐部。在开始之前，让他们注意观察团队其他成员的优点，并分享他们的观察结果。

基于这些价值观，共同制定一些行为准则。然后引导孩子们一起探索和试验 STEAM 项目，并在必要时提醒他们：要遵守他们自己制定的准则。

7. 积极参与和帮助学校的 STEAM 活动

与老师保持联系，了解何时以及如何进行 STEAM 校园活动。也可以把在家里体验过的 STEAM 活动，分享给学校。

8. 开始探索职业生涯

鼓励 STEAM 探索还有一种方法，引导孩子想象他们正身处一个报酬丰厚的职位，由于行业的快速变化，他们要不断面对新的工作内容，而这些内容就是你要培养他的 STEAM 技能。

9. STEAM 的核心是解决现实生活的问题

可以根据以上建议，鼓励孩子像工程师一样思考。你也可以调整这些建议，以满足不同孩子的需求。世界将越来越需要具备发现问题、创造创新的解决方案及完善解决方案等能力的人才。学习 STEAM 的孩子可以让世界变得更加美好。记住！一定要包括女孩！她们拥有和男孩一样多的勇气、决心和聪明才智。不管男孩还是女孩，都可以为创造一个更好的世界发挥自己的作用。

如何培养孩子面向未来的核心竞争力

第八章

第一节　部落文化培养孩子领导力

在很久以前，穴居人曾经把相互馈赠礼物的传统文化保留了很久，如马萨尔·莫斯（Marcel Mauss）书中写的那样，通过这种互惠互利的行为，人们建立了联系，树立起了自己的权威。在太平洋西北地区，印第安人部落领袖就把自己的一些东西分发给族人，以此来确立自己的领导地位。他们有能力给予每个人馈赠，因为他位高权重，而这些礼物就是他们权力的象征。反而那些只顾着给自己囤积储备的领导，很快就会威望尽失。

但是，商品贸易和消费文化让社会体制发生了翻天覆地的变革。近一个世纪以来，我们似乎在默认一种文化，即接受礼物最多的人才是胜者，别人对你的赠与能让你成为统治者，成为富人，人们都争先恐后地拍你马屁，人们觉得去阿谀逢迎那些掌权者似乎是理所当然的事情。然而，这些行为都是近些年才发生的事情。在过去，权力代表的是给予，而非接受。

在关键人物经济中，懂得给予别人礼物的人再一次成为了赢家。这里所说的礼物不限于狭义的物质上的礼物，也包括广义的艺术创作、情绪劳动、脑力劳作产出等"礼物"。

比如，夏帕德·法利（Shepard Fairey）在奥巴马竞选总统的时候，曾经给他设计过一款经典的波普风格的海报，法利根本就没有打算用它赚钱，而是诚心诚意地把它无偿赠送了出去。他送出去的海报越多，他离实现自己的政治目标、个人目标或者职业目标也就越近。

托马斯·霍克（Thomas Hawk）是世界上最优秀的数码摄影师。迄今为止，他已经拍摄了上万张照片，而他的目标是在有生之年把这个数量增加到100万张。他干了一件非常了不起的事情——他的作品得到了知识共享署名许可协议的许可，可以免费共享，人们使用的时候不需要获得许可。托马斯既是艺术家，又是馈赠者。最后的结果是，托马斯成了他那个"群落"的领导者，得到了很多有报酬的工作机会，他的艺术才华也渐渐为人们所熟知。总而言之，他是不可或缺的。

全世界最著名的程序员林纳斯·托瓦茨（Linus Torvalds）潜心钻研开发出了Linux操作系统，他做的这些都是无偿的，并且很大程度上都是帮朋友做的，互联网的普及让他的操作系统影响力持续扩散，全世界有超过一亿人从他的发明中受益，他们加入到了林纳斯的群落中，做着后续的工作。与此同时，林纳斯和负责开发Linux的核心团队永远都不用为找工作而发愁了，因为当你给予的越来越多，愿意付钱让你去工作的人也会越来越多。

天才级的音乐大师凯勒·威廉姆斯（Keller Williams）是新时代的吉他手，通过数字环路，他可以在表演中同时演奏8把吉他。他光脚站在舞台上，进行混音的工作，小心翼翼地把吉他放在舞台地板上，然后走到混音台去把一个或者另一个音轨放大，整场演出都不是事先录好的，也没有使用任何的花招。

他的每一场音乐会都是一份大礼，任何一位到场的观众都没有办法回报凯勒什么，那些门票、观众掌声等与凯勒对每场音乐会的精心筹备、全情投入以及他的绝顶天才真是没法比。但是，在互联网身上，他的音乐确是免费的——免费下载，免费共享。

观众对凯勒的这种无以为报的感觉正是他的礼物如此珍贵的原因所在，也是为什么人们都争先恐后纷纷解囊以求能跟他有一面之缘的原因所在，凯勒建立了一个懂得给予而不是索取的"部落"。

通过给予他人，凯勒成为不可或缺的人物。市场经济告诉我们，无论是商品贸易还是提供服务，都要遵循公平交易的法则，但是凯勒和其他艺术家用行动向我们证明了——在关键人物的思维方式中，给予别人礼物能为自己赢得更多的影响力和领导力。

当我看到赛斯·高汀在论述部落文化对领导力的影响时，我想到了我的博士生导师，我想他一定是深谙此道。因为以前在创新团队例会中，他经常提到："每次召开学术会议时，我的幻灯片（PPT）都是大大方方可以拷贝给其他老师的，没有什么需要保密的，知识需要共享，信息需要传递，分享得越多，知道你的人才会越多嘛！"

因此，如果我们想要培养孩子的领导力，我们需要让孩子学会慷慨大度而不是自私自利，在家庭以及工作中，我们可以塑造一种馈赠礼物的文化氛围。不论是物质还是情绪劳动，都可以将其作为一种礼物赠予别人，作为礼物的作品或者艺术品可以即刻在赠与者和接受者之间建立起一条纽带。千里送鹅毛，礼轻情意重。如果礼物的赠与者知道你能因为这件东西而有所改变的话，这对他而言就是最好的回报了。而且赠人礼物最好的方式是，不知道或不关心自己是否能够得到回报。

第二节　孩子成长道路是品格之路

清华大学校训是"自强不息，厚德载物"。"厚德载物"意思是指君子的品德应如大地般厚实可以承载万物。厚德载物，作为中华民族的精神和优良传统是十分重要的。一个有道德的人，应当像大地那样宽广厚实，像大地那样承载万物和生长万物。简单来说，一个人品德越高尚，那么能够载动的物质也就会越多。从历史人物当中来看，个人的品德越高尚，那么他能成就的事业也就越大，承载的物质财富也就越多。道德决定了一个人"志"的方向，志高德高，则孩子会成长为优秀的正面人物；志高德低，则会蜕变成为一个出名的反面人物。

伟大的科学家爱因斯坦曾经说过："第一流人物对于时代和历史进程的意义，在其道德品质方面也许比淡出的才智成就方面还要大，即使是后者，他们取决于品格的程度也远远超过通常所认为的那样。"

比如，美利坚开国三杰之一，本杰明·富兰克林，被美国的权威期刊《大西洋月刊》评为影响美国的 100 位人物第 6 名。富兰克林博学多才，他是政治家、物理学家，更是杰出的外交家和发明家，同时也是出版商、印刷商、记者、作家、慈善家。他是美国独立战争时重要的领导人之一，参与了《独立宣言》《1783 年巴黎条约》，以及 1787 年的《美国宪法》等多项重要文件的起草，并引导美国走上独立之路。一个人能取得如此大的成就，与他严格要求、不断完善自己的品德存在巨大关系。

富兰克林年轻时，为了完善自身的品德，他提出了 13 种应该遵守的德行：

（1）节制。食不过饱，饮酒不醉。

（2）寡言。言必于人于己有益，不做无益闲聊。

（3）生活有秩序。各样东西放在一定地方，各项日常事务应有一定的处理时间。

（4）决心。事情当做必做，既做则坚持到底。

（5）俭朴。用钱适当，不得浪费。不干"用损害良心的办法赚钱、用损害健康的方法花钱"的事。

（6）勤勉。不浪费时间，每时每刻做有用之事，戒除一切不必要的行动。

（7）诚恳。不欺骗人，思想要纯洁公正，说话也应诚实。

（8）正直。不做不利他人之事，切勿在履行对人有益的义务时伤害他人。

（9）适度。避免极端与不及。

（10）清洁。身体、衣服和住所应力求清洁，让自己与环境同步美化起来。

（11）镇静。勿因任何事情而惊慌失措。

（12）贞节。学会控制自己。

（13）谦虚。越伟大越谦虚。

他制作了一本小册子，每一页写上一种美德的名称。每一页上用红墨水笔画出7直行，一星期中每一天占一行，每一行上端注明代表星期几的一个字母。再用红线将直行划分成13个横格，在每一个横格的左边注明代表每一种美德的第一个字母。每天他检查自己在哪一方面有过失，便在那一天该项德行的横格内打上一个小黑点。富兰克林还坚持每一个星期对某一种德行给予特别密切的注意，预防有关方面的极其微小的过失。

这样，"在几个循环之后，在13个星期的逐日检查后，我会愉快地看到一本干净的册子了"。富兰克林很满意他这种修身养性的方法。他在79岁时回忆此事，写道："我的后代应当知道他们的祖先一生中持久不变的幸运，直到他79岁写本文时为止，全靠这一小小的方法和上帝的祝福……他长期的健康和他那至今仍强健结实的体格归功于节制；他早年境遇之安适和他所获得财产及一切使他成为有用的公民并使他在学术界得到一定声誉的知识，应当归功于勤劳和俭朴；国家对他的信任和国家授予他的光荣职位应归功于诚恳和正直；他的和气和他谈话时的愉快、率直应归功于这些品德的综合影响，尽管他未能达到尽善尽美的境地。由于他谈话时的愉快率直，使他直到晚年还颇受人们的欢迎，包括年轻人也喜欢同他交往。因此，我希望我的子孙中有人会和我一样，取得有益的效果。"

我们关注孩子身心、学习成绩的同时，也需要打磨孩子的品格，塑造孩子积极的待人接物、为人处世的美德。我大学的英文写作老师在我们开学第一天时和我们说，人生成功主要取决于两个RP，第一RP是关系（Relationship），第二个RP指的就是人品（Ren Pin拼音的首字母）。对于孩子的长远的发展和人生幸福而言，好的人品应该是比好成绩更加重要的影响因素。

美国《纽约时报》专栏作家戴维·布鲁克斯（David Brooks）在《品格之路》（*The Road to Character*）一书当中，用一个独特的视角介绍了欧美一些了不起的人物之所以伟大的原因。布鲁克斯指出，幸福是我们在追求道德目标和培养高尚品格的过程中意外收获的副产品，同时幸福也是一个必然结果。也就是说，只要我们培养了高尚的品格，自然而然地就会得到人生的幸福。

布鲁克斯通过剖析自我指出：我们人的内心里住着两个小人，一个叫"亚当一号"，一个叫"亚当二号"。"亚当一号"渴望成功，想要出名，想要赚钱，想要听到人们的表扬。"亚当一号"并不是小魔鬼，相反，他很勤奋，工作起来非常投入，再苦再累都不怕。"亚当二号"则更加谦卑，他希望得到更多高尚的道德品质，他遇到问题总会瞻前顾后，生怕犯错。他对名利的兴趣不大，但非常善良，愿意帮助别人，愿意服从真理，愿意付出爱和友谊。

"亚当一号"坐在前排，声音洪亮。"亚当二号"坐在角落，只会轻言细语，很多时候沉默不语。"亚当一号"很精明，处理起各种复杂的社会关系，游刃有余，从容不迫，见了当官的知道怎么打官腔，见了打工的知道怎么拉家常，见了知识分子知道怎么装得高深莫测，他很善于把一切变成游戏。"皮囊已锈，但污何妨。""才高于志，土木形骸。"

"亚当二号"比较固执。看见舞台上的聚光灯，他会感到无聊，遇到酒席上的喧嚣，他会觉得寂寞。他有自己的原则，而且从不妥协。当年，"亚当一号"想要当官，想要当明星，想要去给某个P2P站台收红包，都是"亚当二号"劝阻的。

用布鲁克斯的术语，"亚当一号"追求的是"简历美德"，"亚当二号"追求的是"悼词美德"。"简历美德"就是你在简历中列出的那些丰功伟绩，是你拿出去在别人面前炫耀的。"悼词美德"是你灵魂深处希望自己拥有的那种美德。

有一天，当我们垂垂老矣，到了风烛残年，亲友们为我们祝寿，他们一个一个回忆起我们这一生干过的事情，尤其是对他们帮助最大的那些事情。到了那个时候，我们最希望听到他们怎么评价我们，并由此引导人们去思考这样的问题：当你逝去时，希望在墓前听到其他人对你怎样的悼词。然后以此来指引和告诫自己的人生。

布鲁克斯说，如果你只听"亚当一号"的话，你或许会很成功，但是你无法了解生活的意义。只有听了"亚当二号"的话，你才会锤炼自己的道德内核，培养自己的智慧心。

但是，布鲁克斯并不是让人们完全放弃对名利的追逐，他也指出为了不把名利当做一回事，你要先得到一点名和利。如果一个人没有出过名，他就会特别想出名，最后会想出毛病。

但是如果你想要让孩子得到幸福，不一定鼓励他们一味去追求伟大的名和利，但一定要追求道德和高尚品质。

在书中，布鲁克斯还提到了几个历史人物的故事。

1. 马歇尔在第二次世界大战期间的事情

第二次世界大战时，罗斯福在军事上的决定都倚仗马歇尔的建议，总统对他的倚重犹如当年华盛顿对汉密尔顿的倚重一样。1944年诺曼底登陆之前，大家都知道，这场人类历史上规模最大的两栖登陆战的总指挥，必将名垂青史，因此很多将领都希望担任此职。

而在英美的诸多名将中，没有人比马歇尔更有资格来指挥这场战役。因此，只要马歇尔提出来，无论是罗斯福、丘吉尔这些领导人，还是艾森豪威尔、巴顿或者蒙哥马利这些一线的指挥官，都不会提出异议，这时就等他一句话了。罗斯福当时也直接向他表示，如果他要求去前线指挥这次登陆战役，他会任命马歇尔为英美联军总司令。

马歇尔同任何人一样，当然会心动，不过他是这样对罗斯福说的，首先他感谢总统给他这个机会，自己虽然有心上前线，不过如果总统因此而感到不踏实，他会留在总统身边。美国当时要在大西洋和太平洋两个战场上两线作战，诺曼底登陆虽然重要，但是毕竟只是一个局部战役。因此，罗斯福说，如果你留在我身边，我会踏实很多。就这样，马歇尔把成名的机会让给了艾森豪威尔。

今天，诺曼底登陆已经成为历史，除了研究军事的人，大家对那场战役的细节其实已经不关心了，而且随着时间的流逝，它的意义也被渐渐淡忘。但是，马歇尔后来在欧洲做的一件事情，影响却巨大，那就是对西欧盟国的援助。

作为美国的国务卿，马歇尔对当时的总统杜鲁门说，德国和法国等深受战火摧残的国家，并不缺工匠和专业人士，也不缺乏重建家园的动力，但是他们缺少经济上的支持。如果我们能够援助他们，他们就会跟着我们走。最终，马歇尔帮助欧洲人振兴了欧洲，维持了西欧的政治制度和经济体制。

从这些事情中，我们可以学到一个人应该如何修行，并且选择做什么样的事情。很多时候都说读书是为了养性，当我们追求理想的时候，未必能在现实生活中找到我们想法的支持点，但是在书中可以找到，这就让我们能够坚持我们自己的理想，也就做到了读书养性。

2. 艾森豪威尔自律行为养成的故事

在《品格之路》这本书中还有一个故事值得分享，它揭示了艾森豪威尔自律的行为是如何养成的。他的这种品行来自于他的父亲和他的家庭。我们知道艾森豪威尔是德国移民的后裔，他的父亲保留了德国人的很多品行，包括自律。

艾森豪威尔的父亲是一个小业主，破产过，因此做事情非常谨慎，他不仅自己如此，也要求员工如此。同时，他因为担心自己破产会让生活过不下去，便要求凡是在他公司工作的人，每个人每月必须主动将工资的

10% 存起来。

我们知道，今天美国大部分家庭的财务管理是一团糟，有一半的家庭连 500 美元应急的钱都不存的。艾森豪威尔父亲的这种做法和大部分美国人不一样，但就是靠这样严格的自律，他才让自己的家庭能够有一个虽然不富裕，却还算体面的生活，也让他的员工和孩子有所保障。这种自律行为，让艾森豪威尔成为了一个优秀的军人，后来还当上了美国总统。

我们常常讲底层逆袭很困难，其实身处底层，贫穷固然是一个很大的上升障碍，但是更可怕的是身处底层却缺乏见识、自制力。艾森豪威尔的家庭并没有什么钱，但是并不缺乏精神上的财富。他父亲已形成并给予他在品格上的财富并不少。

对于每一个家庭来说，养性这件事都可以通过读书来达到。在中国，很多学习和自我提升需要不少资源和资金，不是所有人都有条件做到。而书籍相对来说非常便宜，也就是说，通过读书养性，人们很容易获得不受家庭物质财富影响的品格上的财富。

因此，如果我们想要培养孩子成为一个受人赏识、信任的孩子，不妨从自身的修身养性、品格打磨方面为孩子树立良好的榜样。

第三节　孩子成功之路是坚毅之路

"我们拼命地学习如何成功冲刺一百米，但是没有人教过我们：你跌倒时，怎么跌得有尊严；你的膝盖破得血肉模糊时，怎么清洗伤口、怎么包扎；你一头栽下时，怎么治疗内心淌血的创痛，怎么获得心灵深层的平静；心像玻璃一样碎了一地时，怎么收拾？"

——龙应台《目送》

究竟是天赋还是努力让一个人走向成功之路？

1926 年，斯坦福大学的心理学家凯瑟琳·考克斯对 301 名杰出的历史人物的传记做了细致的研究，这些杰出人物包括诗人、政治和宗教领袖、科学家、军人、哲学家和艺术家。考克斯发现，在 67 项指标中的大多数指标中，杰出人物和普通人之间只有微不足道的差异，例如，杰出性与外向、快乐与幽默感没有多大关系，而且并非所有的高成就者都在学校教育中取得了好成绩。

相反，将杰出人物与普通人区分开来的是归属于同一集群的 4 个指标，这 4 个指标也是前 10 名与后 10 名的差异之所在。考克斯将这些指标结合在一起，称之为"动机"。其中的两个指标可以被形容为"激情"：

（1）心怀远大目标（而非仅仅为谋生）去工作的程度，积极为此后的生活做准备，为明确的目标而工作。

（2）不因单纯的可变性而放弃任务的倾向性，不因新奇感而追求新鲜事物，不会一味"追求变化"。

另外两个指标可以被形容为"毅力"：

（1）意志力或毅力的强度。一旦决定就坚持在某个方向上的决心。

（2）在面对障碍时不放弃任务的倾向性。有毅力、坚毅、顽强。

考克斯在摘要中总结道："一个人拥有偏高但不是最高的智商水平，结合最大程度的坚毅力，他取得的杰出成就将高于最高智商水平和一般坚毅力的组合。"

那么，坚毅的品格是遗传的吗？还是可以后天帮助孩子习得的呢？

宾夕法尼亚大学心理学副教授安杰拉·达克沃思（Angela Duckworth）通过研究指出，自律和坚毅比天赋更能预测一个人未来的表现，在遇到挫折、失败时，仍能坚持不懈地朝着自己的目标努力，这才是决定长期成功的因素。

坚毅力会随着我们的成长背景、文化、时代的不同而发生变化，而且随着年龄的增长，我们会变得更加坚毅。坚毅的品格不是完全固定不变的，就像其他心理特质一样，并且坚毅力比你想象中更具可塑性。

如何由内而外地生长出坚毅的品格呢？

安杰拉揭示了能够滋养坚毅品格的四类心理资产。

首先是兴趣（interest）。激情源于充分享受你当下所做之事，安杰拉采访过的每一位坚毅的典范都会说，尽管工作当中必须要忍受一些他们根本就不喜欢的杂事，但是整体上，他们仍然认为这份工作很有意义，他们对其拥有持久的迷恋和孩子般的好奇心，他们在内心都在呐喊："我热爱我所做的事情！"

其次是练习（practice）。在特定领域发现和培养出兴趣之后，你必须全身心地投入练习，以达到精通，需要抱有"无论如何，我都想做得更好"的心态。

再者是目的（purpose）。对大多数人来说，没有目的的兴趣几乎是不可能维持一辈子的。因此，你需要将工作和你的个人兴趣相连，并且与他人的福祉相连。只有少数人很早就确定了自己的目标，但对大多数人来说，他们是在培养出兴趣和经过多年自律的练习之后，才增强了为他人服务的动机。不管怎样，成熟的、具有坚毅品格的人总是说："我的工作是很重要的，对我和对其他人都是如此。"

最后是希望（hope）。希望是一种从逆境中奋起的毅力。实际上，希望贯穿始终，从开始到最后，即便你遇到困难，即使有所怀疑，你也要继续下去，这一点非常重要。在生活中，挫折在所难免，如果你躺在那里听之任之，坚毅力就会消散；但如果你勇敢地爬起来，你就拥有了坚毅的品格。

正向心理学（Positive Psychology）提出预测孩子未来成功与否的 7 项关键指标，认为它们是"七大秘密武器"。这七项指标分别是：坚毅（grit）、激情（zest）、自制力（self-control）、乐观态度（optimism）、感恩精神（gratitude）、社交智力（social intelligence）和好奇心（curiosity）。性格教育的追随者、美国 KIPP 学校的创办人代维·乐文（David Levin）将坚毅作为教育的核心理念。KIPP 在全美 20 个州拥有 162 家连锁学校，学校会对学生——进行包括坚毅在内的 7 项教育指标的评估。坚毅（grit）研究的创始人——李惠安是这所学校的合作人之一，她将坚毅看作所有七项指标中最重要的一个。

坚毅教育警示我们：决定孩子成功的最重要因素，不在于我们给孩子灌输了多少知识，而在于我们是否帮助孩子获得了以坚毅为首的 7 项重要的性格特质。

具体说来，一个 6 岁的孩子是否知道 3+2=5 根本不重要，重要的是在学习的过程中，他是否愿意在第一遍回答成 3+2=4 之后重新尝试，直到得出正确答案为止。我们应教会孩子的不是跑得多快，而是在摔倒之后站起来继续跑，哪怕他是最后一名。

那么作为家长的我们应该怎样培养孩子的坚毅品质呢？

安杰拉·达克沃思在《坚毅——释放激情与坚持的力量》一书中，给出了三点建议：

1. 选择明智型教养方式

根据家长对孩子的要求、限制以及养育方式，心理学家对教养方式分为放任型教养、明智型教养、忽视型教养以及专制型教养。其中，明智型教养中，家长能够准确地判断孩子的心理需求，他们认可孩子们需要爱、限制和自由，以期实现他们的全部潜力。父母的权威是基于知识和智慧，而非权力。

心理学家拉里·斯坦伯格在一项针对美国 10000 名青少年的研究当中发现，如果青少年的父母是基于温暖、尊重孩子而对孩子采取高要求的教养方式，那么这些孩子在学校的成绩就会更好、更独立，更少出现焦虑和抑郁。而纵向研究也表明，明智型教育的益处在 10 年后，甚至更长时间里，都能被测量出来。

事实上，当父母对我们有爱、尊重和有要求的时候，我们不仅会以他们为榜样，我们还会敬畏这个榜样。我们不仅会听从他们，还知道他们为什么会提出这些要求。我们会渴望追求同样的兴趣。本杰明·布鲁姆和他的团队在对世界顶尖级人才的研究中发现，父母的兴趣在某种程度上会传染给孩子。如果你想让你的孩子具备坚毅的品格，就先要问一下，你自己的生活目标是什么，你是否有激情和毅力去实现目标。然后再问下自己，你的教育方式是否能鼓励你的孩子去效仿你。

2. 让孩子参加课外活动

安杰拉建议，一旦孩子足够大了，家长就需要帮他们找到一项他们喜欢的课外活动，给他们报名。对于高中生，安杰拉建议他们在至少一个活动中坚持一年以上。

其中有一项研究让孩子每天佩戴传呼机，并及时汇报他们的行动和想法。

当孩子们在学校上课时，他们会报告说他们感受到挑战，但是很没动力。当他们跟朋友待在一起时，没什么挑战，但超级有趣。当孩子们进行体育或音乐活动，或者为学校的演出排练时，他们会同时感受到挑战性和趣味性。在孩子们的生活当中，没有其他经历能更好地提供这种挑战性和内在动机的组合了。

这项研究的基本结论是：学习是一件很具有挑战性的事情，但对许多孩子来说，他本身不是很有趣的事情；发短信给朋友很有趣，但并不困难；而芭蕾舞则兼具挑战性和趣味性。

大量研究表明，更多地参与课外活动的孩子在任何可度量的方面都获得了更好的结果：他们的学习成绩更好，有更强的自尊，也较少惹麻烦，等等。这些研究有些是纵向的，这意味着研究人员长期追踪，了解孩子长大成年以后的表现。这些长期的研究都得出了同样的结论，更多地参与课外活动，孩子们会成长得更好。

心理学家马古·加德纳（Margu Gardner）所做的一项研究对长期参加课外活动的益处提供了更有说服力的证据。马古和她的合作者在哥伦比亚大学追踪了 11000 名美国青少年，直至他们 26 岁才结束。这些孩子中，有的高中期间已经参加了两年的课外活动，有的只参加了一年，他们想看看参加课外活动时间的长短对这些孩子成年后的成就有什么影响。

这是他们的发现：参加课外活动超过一年的孩子，大学毕业率更高，在社区做青年志愿者的可能性也更大。孩子们每周在课外活动上所花的时间，也能预测他们长大后是否会找到一份工作、能否赚更多的钱。不过，只有那些参加课外活动达到两年以上的孩子，才会显示出这些效果。

3. 给予孩子适时必需的推动

没有人想成为那种总是督促孩子进步的爸妈，但这样的确有助于让孩子知道你的期望，并且可以帮助他们做到最好。当孩子学习新技能时，适时地推动孩子：制定时间表，然后鼓励孩子坚持，反复练习。"我还没有听说过哪一个孩子是完全自动'上链'的。"安杰拉说，每天规定一定的练习时间没什么错，虽然你的孩子可能会抱怨，但如果你很坚定，他的抱怨会日渐减少，练习的乐趣反而会与日俱增。

4. 让孩子拥抱无聊和沮丧

成功很少发生于第一次尝试。事实上，这通常是一段相当漫长的旅程，并且布满艰难险阻。困惑、沮丧，甚至觉得无聊透顶，这些都是旅程的一部分。然而，如果孩子明白，学习遇到困难并不意味着他们很笨，他们就会更有毅力坚持下去。

与其在孩子遇到困难时直接给他一个解决方案，不如看看他自己能否想出办法解决。抑制住想要帮他的冲动。如果很明显他正处于迷茫状态，可以这样和他谈谈："看起来你真的遇到困难了，你觉得有什么办法能解决吗？"

启发他自己思考解决方案，而不是直接告诉他怎么办。这样的锻炼让孩子养成一种自信——"嘿，我自己能解决。"

5. 塑造坚毅的家庭文化氛围

文化是一种价值观和行事准则。从长期来看，文化有塑造自我的力量。俄罗斯流亡诗人和诺贝尔文学奖获得者约瑟夫·布罗茨基（Joseph Brodsky）指出，每当他读到、看到或在做什么事情时，他都会问自己一个问题："它怎样才能帮助我发展成我想要的文化呢？"

社会学家丹·查布里斯通过对游泳运动员长达 6 年的研究指出，要成为一个伟大的游泳运动员，真正的秘诀是加入一个强大的团队，因为一个团队独特的文化会与其成员产生交互影响。丹不断看到新的队员加入一个好的游泳队，他们的表现会比进入该队之前好一两个档次。

丹总结道："在我看来，获得坚毅的品格有难和易两条路，难的路是只靠你自己，而容易的路则是运用从众的力量——人类有想跟别人一样的基本驱动力，如果你周围都是坚毅力比较强的人，那么你也会变得坚毅。"

安杰拉认为，我们生活在其中并且认可的文化，强有力地塑造着我们的性格。如果想让孩子成为坚毅的人，父母就必须创造一种坚毅的家庭文化氛围。

所以我们经常会看到，很多坚毅的父母会培养出坚毅的孩子，可能这就是耳濡目染的力量吧。如果父母想让孩子有韧性，最重要的是以身作则，向孩子展示出坚韧，比如长期坚持某项体育运动，工作生活中遇到困难不轻言放弃，努力工作，努力照顾家庭……当孩子把父母的坚毅当成一种自然而然的人生态度时，就会把坚毅内化成自己的品质。

最后我们还可以参考安杰拉家的"难事准则"：

每个人都要做一件有难度的事情。

你可以暂时退出，但你不能放弃。

由你自己选择这件难事。

上高中后，孩子们要承诺：至少把一项课外活动坚持 2 年。

《坚毅——释放激情与坚持的力量》一书能够让我们看到关于成功的另

一面，那就是：发现自己的兴趣所在，找到自己的人生使命，在挫败中不断磨炼自己，怀抱乐观，成为一个坚毅的人，拥有自己想要的生活。

　　父母在展开怀抱、给予孩子无条件的爱的同时，还需要让孩子塑造坚毅的品格，迎接未来人生的挑战。

如何培养孩子的审美力

　　在人工智能逐渐覆盖社会方方面面时，我们必须思考，培养孩子哪些竞争力是人工智能在未来社会所替代不了的？台湾美学大师蒋勋曾经说过，美是一种看不见的竞争力。在蒋勋先生眼中，美是无处不在的：花朵的绽放是美，花朵的凋落是美，"一枝红艳露凝香"是美，"梨花一枝春带雨"是美，繁华是美，苍凉是美，收获是美，遗憾是美，真是美，善是美……美常常凝结在具体的实物当中，也作为精神底色流传于世间。美并无定法，感受美、认识美却有路可循。美不仅带来感官上的触动，也是历练生命、丰沛情感、释放思想的动力。

　　作为家长和教师，了解什么是美感教育，为什么要进行美感教育以及如何实施美育教育实践，对培养孩子面向未来的竞争力大有裨益。

第一节　什么是美感教育

　　美感教育，简称为美育。即通过培养人们认识美、体验美、感受美、欣赏美和创造美的能力，从而使人们具有美的理想、美的情操、美的品格和美的素养。狭义的美育，极端的定义是认为美育专指"艺术教育"；其一般的定义是认为美育指"美感教育""审美教育""审美观和美学素养教育"等。

广义的美育，有人认为："真正的美育是将美学原则渗透于各科教学后形成的教育。"美育定义由狭义走向广义的过程中夹杂的另一个维度的变化就是：由形式美育走向了实质美育。所谓"形式美育"指的是以培养对象的审美素养（如审美观、欣赏美和创造美的能力等）为目标的教育活动。而"实质美育"则以上述目标为手段，追求美育的精神实质：人生的美学趣味和教育的审美境界。强调美育对诗意人生的促进功能已成为现代美育的核心。这样，美育概念就应在从狭义走向广义的同时，也实现由形式向实质的革命。

第二节 为什么需要美育

首先，我们要明白一点，就是教育应追求理智、意志、情感的统一。教育关乎人的本质力量的实现，关乎人的全面发展。人类大脑具备诸般重要能力，如知性、感受、直觉、想象力、创造力，人的全面发展、人的本质力量的实现，是指这些能力的协调、平衡和全面发展，正是这些与理性互相补充的能力的协调发展，使我们成为全面的人。

而美育，正是全面平衡人的知性、感受、直觉、想象力、创造力的重要方式，它协调了左右脑的思维，使学生得以全面发展。以美术学科为例，当年幼的孩子开始画画时，他们一定在想着某样东西。对孩子来说，这通常意味着与其自身和自身体验之间的一种直接对话。当他们思考时，他们的思绪都集中在所描绘的这种体验上。他们的思考并专注于某事的能力被激活了，这是艺术创作最重要的第一步。孩子们那些看上去幼稚的表达，是社会发展再过30年后也没法替代的人之不断探寻、发现、自发创造的本性。因为，这些看似幼稚的表达当中蕴含的是不断释放出的儿童们的精神哲学。

其次，儿童的视觉感知、独立造物、自己动手创造的生命生长基因，是他们逐渐适应这个陌生世界的本源能力，是其依靠自己个体的视觉思维引起的感觉整体行为。他们用小手把自己感觉这个世界的认识、理解呈现出来的时候，成人需要做的是特别的保护和亲和性启发，而不是去教什么。特别是其造"形"的表现过程，那些被成人世界不屑一顾的、被成人称之为"乱七八糟"的事物在儿童期留下的任何痕迹，是这个世界上人的最为可贵的思绪（思想）的凝聚。这些痕迹（作品）是每个孩子成长中心理、生理发展的"晴雨表""温度计"，是其独立思想不断生发的"代表作"。

例如，孩子A想起了她与其他孩子在院子里一起玩的事情，她想画出这个事件，毫无疑问，孩子A在画时她只会画一些她知道并且她认为重要的事物。对她而言，院子里的苹果树可能有很大的花蕾，因为她是看着它们长大的，而对同样在院子里玩的孩子B而言，树是用来攀爬的，花蕾对他而言毫无意义，所以不会出现在他的画面里。而他感兴趣的就是那棵树，所以他很可能将这棵树画得巨大无比，其他都没有涉及。正如我们看到的，作品表达了不同孩子的个人好恶，以及他们与内心世界和周围环境的情感关系。这包括两个至关重要的因素：他们对事物的认知，以及他们与这些事物之间建立起来的个体关系。所以，我们应该要通过艺术培养孩子的想象力、创造力和自身的表达能力。

孩子画画，应该是对自身和周围的环境有自己的想法和感受，而不是画出来具体的事物后感到压抑（这种压抑常常来自于家长、教师的"好意"指导与干预）。只有形成一种完善的人格后，他们才能很好地平衡自己的所思、所想和所感，只有学会换位思考并尝试理解他人的需求时，他们才能成长为一个懂得合作且乐于助人的公民，才能独立自主地享受发现和探索周围世界的乐趣。这也正是仅仅以美术为代表的美育教育的重要意义的一个缩影。

再者，3岁、6岁以及13岁，是一个人大脑发育、身体机能不断发达的三个重要阶段。儿童期的美育活动所需要解决的问题，并不是让孩子们掌握成人世界已经成熟的、流传下来的美术学科技能，而是儿童身心发展中逐渐形成的某种思维方法。唯有在自由涂鸦的基础上，逐渐感受、尝试、体验涂鸦游戏、造形游戏、创想游戏、感悟游戏，并对宏大视觉文化主题形成自我反思的过程性理解和心灵的升华，才是孩童在13周岁以下需要得到的养分。

第三节　不同学科如何体现与实施美育教育

美术、音乐等艺术学学科可以很好地贯彻美育教育，这很好理解。那么如何在各个学科中渗透美育教育呢？家长和教师应该怎么做呢？在此举几个例子。

1. 语文学科如何渗透美育教育

如小学低年级的语文识字，就可以很好地树立美与教育的典型。在孩子认识汉字的时候，教授汉字的起源、甲骨文的演变、汉字的结构，从而渗透汉字形体之美、寓意之美，领略中华五千年的文明之美。此时，还可以和书法学科相联系，在更好地让学生领略汉字之美的同时，欣赏书法的精髓。

唐诗、宋词、优秀的文章中更是包含了各种美的元素。比如宋词就蕴含了无尽的美学价值、艺术价值。在宋词中浅唱低吟，感受生活的韵味、美学的韵味——真率明朗、高旷清雄、婉约清新、奇艳俊秀、典丽精工、豪迈奔放、骚雅清劲。

在教孩子时，唐诗、宋词甚至是乐府、古文都可以和音乐学科相互配合，宋词为词，音乐为曲，学生和教师一起创作一首歌曲；诵读经典文章时，朗朗上口的音节、丰富的情感，也都会给人以美的享受，注意读时的眼神、体态、手势的变化等，充分感受潮来之时"浩浩荡荡""人声鼎沸"的壮观场面。

2. 化学学科如何渗透美育教育

大家可能会觉得理科应该无法渗透美育教育，其实不然。以化学为例，其实化学的本质是美的，这种美主要体现在化学以丰富的内容、严谨的知识结构以及应用效果的和谐统一给人以美感享受上。如核外电子排布的规律性、晶体结构的有序性、元素周期表所体现的规律性。

此外，美丽的岩洞、色彩绚丽的节日烟火、五光十色的霓虹灯等又向我们展示了美丽的化学世界，其化学原理和现象都能在实验中得到验证。例如：在一支试管中注入 2ml 稀盐酸溶液，滴入两滴紫色石蕊试液，振荡，溶液变成美丽的红色；接着向试管中逐滴加入稀氢氧化钠，红色逐渐变成紫色；继续向试管中滴加几滴稀氢氧化钠溶液，紫色逐渐变蓝。所以教师尽可能多地安排演示实验与学生实验，学生会更加感受到化学实验之美……

3. 体育学科如何渗透美育教育

新的课程标准提出在体育教学中必须树立"健康第一"的思想，健康不仅是没有疾病和不虚弱，而且是身体上、精神上和社会适应方面的完美结合。体育锻炼作为获取健康的手段，人们越来越渴望增加它的艺术性和愉悦性。目前，音乐、美术、舞蹈与体育的结合越来越广泛、密切，如体操、健身操、技巧、水上芭蕾、花样滑冰等都离不开音乐和舞蹈。

因此，各种体育项目艺术化，已成为现代体育发展的一个重要趋势，未来的体育将是激烈的竞技比赛和轻松愉悦的健身活动并列发展的时代。学校体育是现代体育的重要组成部分，因此，我们在体育教学中应当体现时代要求，要培养学生具有健壮的体魄和良好的心理素质，养成健康的审

美情趣和生活方式。体育与美育是素质教育的重要组成部分，艺术教育是实施二者结合的主要途径。

第四节 践行家庭美育　做好孩子的"生命合伙人"

戴亚楠在其《生命合伙人：美育从妈妈开始》一书中曾经讲到，同天底下所有的妈妈一样，当自己的孩子降临到地球上以后，她的世界突然变了，这个迎风就长的小不点似乎一夜之间就成了她生活的重心。作为一个早已适应信息时代的"女强人"，她也曾陷入焦虑，对孩子的教育问题忧心忡忡。因为丈夫也在从事艺术方面的工作，夫妻俩的生活中有不少艺术家朋友，她便开始以艺术美育入门"折腾孩子"。

她的经验同时也吸引了一批志同道合的妈妈们，她们用各种新奇的法子来开展不同的艺术实验：带着孩子做彩色小包子，用色彩斑斓的调料粉作画，让孩子们设计自己的咖啡馆……从此开始了每个周末都鸡飞狗跳的生活。后来，她开始做家庭美育社群"蝌蚪同学"，和更多的妈妈一起分享她的教育经验。

在传统一代里成长起来的父母，双方往往都不具备艺术素养，十分担心自己无法"指导"孩子。但在戴亚楠看来，中国的教育现状是"教"多"育"少，零基础的父母也许正是家庭美育的优势所在。家长们完全可以放下"我不懂"的担忧，而在孩子探索自我的过程中充当一个"脚手架"。孩子好像在"打酱油"的时候，家长也不应指手画脚或者就此离开，因为这也是一种经验的积累。

除了面对自身的"艺术短板"，更多父母还面临时不时发作的急躁心态。很多家长忙不迭地将孩子送往各种机构、工作室，而每个孩子回家后带回的则是一张按照老师给的模板画的摹本。家长们总是仔细比对每一次孩子的画作，试图去寻找孩子的进步痕迹。

有的家长还发现，孩子只在"该去画画了"的时间里才会作画，并不是自发式的热爱。其实，艺术存在于自然、空间以及生活的种种细节中，鼓励孩子们在自发探索中完成个性化的塑造，比机械的技术提高更有意义。并且，孩子有其自身艺术发展的时间规律。以涂鸦为例，在孩子年龄的增长过程中，会经历线形涂鸦（无序、无控制的运动）、圆形涂鸦（重复运动）、命名涂鸦（表现出更高的控制力，把动作和想象、经验联系起来）三个阶段。在不同的时间段，不应强求孩子的进步，而是关注于艺术的本质——创造。

从家庭美育的本质来看，美和艺术教育最核心的"软件"是人，方法是多感官学习，并且"难以言传、只能身教"。父母即使本身"不懂"也无须在意，关键是不要剥夺孩子艺术体验的机会，在生活中培育孩子感知艺术的能力，当好孩子的"生命合伙人"。

第十章

成为更好的父母，
成就更优秀的孩子

最好的父母，也会犯的管教错误

　　因为我们教育的总是自家孩子，所以要客观地去看待自己的管教策略。

　　良好的意图以及读过的科学育儿知识容易迅速被脑海里根深蒂固的习惯或者是童年经历所替代，这会使得我们无法通过管教方式让孩子做得更好。这是一些普遍的管教错误，即使家长拥有最棒的意图和最渊博的知识，也会犯这样的错误。当我们忘记去情绪化的、全脑的管教目标时，这些错误就会出现，将这些错误熟记于心，能够帮助我们在失去理智之前就避开他们，或者退后一步，反思更好的育儿方式。

　　我们随时随地都在教养孩子，所以需要花很大的力气，才能客观看待自己的管教策略。再好的用意都有可能流于不怎么有效的习惯，导致父母盲目行事，无法以最佳状态带出孩子最好的一面。以下是 20 个常见的管教错误。

195

1. 用有条件的爱操控孩子

比如孩子弹钢琴父母就喜笑颜开，孩子玩耍就开始面色铁青，这样是能让孩子多弹钢琴，远离玩耍，因为父母的爱对孩子来说太重要了，孩子宁愿放弃自己的兴趣也要去争取父母的爱。但一直用这样的抚养方式，可能会让孩子赢得钢琴比赛，但也会让他降低自尊，迷失自我。

2. 管教变成以 " 惩戒 " 为本，而非以教育为本

管教的目标并非是每次孩子犯错后，立刻让他们尝到后果。真正的目标是教导孩子如何在这世界上度过美好人生。在管教孩子时，要自问真正的目标为何，你应该可以找到更好的教法，甚至不必让孩子尝到后果。

3. 父母觉得在管教时，很难做到温和而坚定

你在管教孩子时，真的可以是冷静、慈爱且充满关怀的。到头来，你会希望维持有力一致的管教，同时与孩子以温暖、慈爱、尊重和同理的方式互动。

4. 父母讲太多话

当孩子情绪冲动或者进入逆反状态的时候，通常不愿意听进去他人的话，这时我们该做的就是保持静默。如果我们对着不开心的孩子喋喋不休，多半会起到反作用。不如多用非语言方式进行交流吧，抱着他们，捏捏他们的肩膀，给个微笑或者是共情的面部表情，点点头。然后，等到他们冷静下来准备好倾听了，你便可以通过话语来重新引导，以较有逻辑的方式解决问题。

5. 父母放过多注意力在行为本身，而非行为背后的原因

孩子出现不当行为通常都有原因的，若不找出行为背后的感受和主观经验，不当行为就会一而再、再而三地发生。下次若孩子不乖，记得看清是什么感受（好奇、愤怒、挫败、焦虑、饥饿等）导致了这样的行为。

6. 父母忽略了说话的方式

对孩子说了什么话当然很重要，但同样重要的是"怎么说"。我们希望每一次跟孩子沟通时，都能保持和善尊重的口气，即使并不容易做到，但这是一大目标。

7. 父母让孩子觉得自己不应有强烈或负面情绪

孩子因为事情不如他意而做出激烈反应时，你是否曾否定他的情绪？父母不是故意要这么做，但常常会传达出，只想在孩子快乐而非出现负面情绪时跟他们相处。我们希望让孩子知道父母会陪伴在旁，即使他们表现出最糟的样子。就算制止某种行为或表达情绪的方式，也要肯定孩子的感受。

8. 父母过度反应，使子女把注意力放在父母而非自己的行为上

若父母管教得太过火，祭出严厉处罚或反应过度激烈，孩子便不会注意自己的行为，只会一心想着父母有多坏、多不公平，所以尽量不要小题大作。在必要时带孩子离开现场，然后给自己一点时间冷静，别说太多话，这样才能静下心来以周全的思虑回应，接着把注意力放在孩子的行为上。

9. 父母不修补关系

亲子之间发生冲突无可避免，父母也不可能时时都能自制，最重要的是，父母要处理自身的不当行为，通过给予或寻求原谅，尽快修补亲子关系的裂缝。若我们尽早以诚挚和慈爱的方式修补情感，就能为孩子示范重要的技能，让他们在未来享有更具意义的人际关系。

10. 父母在情绪激动的状态下发号施令，随后发现自己过度反应

有时父母会把话说得太过头："你接下来整个夏天都不准去游泳！"

在这种时刻要容许自己收回成命。举例而言，可以使出再给你一次机会这一招，说：我不喜欢你刚才做的事，但我会再给你一次机会重新来过。

你也可以承认自己过度反应：我刚才很生气，没有想清楚。我已经好好思考过，所以改变了主意。

11. 父母忘了，孩子有时可能需要帮助，才能做出好选择或冷静下来

当孩子开始失控时，父母往往忍不住命令他们停下来，但有时他们就是没有立即冷静下来的能力，尤其是幼儿。这表示你需要介入提供协助。第一步是进行情感链接，运用语言和非语言沟通，让他知道你了解他的心情。记住，我们常常需要暂停一下再回应不当行为，孩子失控时不是强制实施规定的最佳时机。

12. 父母管教时，太在意他人眼光

大部分的父母在管教孩子时，都会过度担心别人的看法。举例而言，你在公婆或岳父岳母面前可能表现得更严厉或冲动，因为你觉得有人在盯着看你是怎么当父母的。把孩子带到一旁，在没有其他人听到的情况下，安静地和他单独谈话。这样你不仅不用担心他人眼光，反而更能把焦点放在孩子身上，调和他的行为和需求。

13. 父母被困在权力争夺中

若孩子觉得自己被逼到墙角，他会依据直觉反击或完全宕机。有些事不可妥协，但协商不代表示弱，而是显示你对孩子和其欲望的尊重。你甚至可以要求他帮忙："你有什么建议吗？"你可能会惊讶地发现，孩子其实很愿意配合让僵局和平落幕。

14. 父母根据自己的习惯和感受来管教孩子，不顾当下孩子的状况

父母应该要反思自己的行为，跟孩子一起处在当下，只针对那一刻发生的事情响应。这是教养最难做到的一点，但我们做得越好，就越能以慈爱的方式响应孩子。

15. 父母在众人面前纠正孩子，让他们颜面尽失

若你不得不在公众场合管教孩子，记得要考虑他们的感受（若另一半在大庭广众给你难看，你会做何感想），尽量对孩子表示尊重，除了处理不当行为本身，别再徒增羞辱。感到丢脸只会让孩子状态更差，听不进你要说的话和教导的课题。

16. 父母不听孩子解释就假定最糟情况

有时一个状况看起来很糟，实际上也很糟。但有时候事情并没有你想象得那么严重。在祭出严厉处罚之前，先听听孩子怎么说。他可能有很好的解释。先别在第一时间从表面判断，立即责备孩子，而是听听他有什么话要说，再决定怎么以最佳方式响应。

17. 父母否定孩子的情感经验

若孩子对某个情况产生激烈反应，让你觉得莫名其妙甚至荒唐，你可能说："这有什么好哭的，别闹了！"或"这没什么大不了。"这样的话语轻视了孩子的经验。

比较能够响应情绪的有效做法是倾听、真的去理解孩子体验到了什么。就算你觉得荒唐，也别忘了那是孩子的真实感受。

18. 父母期待过高

大部分的父母都知道孩子并不完美，却要求他们时时乖巧听话。父母经常过度期待孩子能够控制情绪和做好决定，超出他们现阶段可以做到的范围。这个情况在家中第一个孩子身上尤其明显。

另一个期待过高的错误是：只要孩子偶尔控制住脾气，我们就预期他们能一直保持这个样子。实际上，孩子做出明智决定的能力时好时坏，即使他们可以控制住一次情绪，不代表往后都能如此。

19. 父母让"专家"凌驾于直觉之上

这里的"专家"指的是作家、其他大师还有亲朋好友。我们不该根据别人说的话来管教孩子。你可以将这么多"专家"提供的信息放在管教工具包里，但要倾听自己的直觉，挑选适合的策略，应用于你家和孩子的独特情况。

20. 父母对自己过度严苛

最棒的父母常常对自己过度严苛，每次孩子犯错，总是想以完美的方式来管教。但这是不可能的，所以放自己一马吧！爱你的孩子，为他们设定清楚的界线，以爱来管教，并在失手时修补亲子关系，这样的管教法对所有人都好。

天底下没有完美的父母，但是不完美并不妨碍父母对子女进行教育，父母必须承认自己犯的错误以及局限性，以便给孩子上一堂诚实的课，促使孩子像他们那样承认自己的错误并成为更好的自己。

第二节　近距离看美国妈妈如何育儿

在美国，观察了很多美国家庭的育儿方式，考察了美国大大小小的幼儿园和小学之后，也近距离接触了不少美国家庭，受到很多启发。

1. 美国基础教育

美国孩子初中之前都是以玩为主。美国妈妈从来不焦虑的原因在于，他们认为初中之前，最重要的不是学习文化知识，而是生活习惯培养以及激发并引导学习兴趣。

美国幼儿园都是私立（费用一个月在 800 ~ 1500 美元不等），强调幼儿应该尽情玩耍，在幼儿园玩沙玩水的时间很多，经常看到美国的幼儿园的孩子，在后院子泥沙堆里打滚，全身脏兮兮的，可是他们很开心，一点儿也不在乎。

幼儿园老师鼓励孩子自由表达，接触了好些个美国的小孩，感觉他们从小就很独立、自信。1岁开始自己吃饭，2岁开始父母亲要求他们自己穿衣服。

美国小学生很快乐，因为没有家庭作业。美国公立的基础教育相对轻松，小学一年级到五年级，每天都没有作业。美国对小学老师要求都比较高，通常至少需要有硕士学位，而且必须通过美国的教师资格证。

通常小学不分科，所有学科都是同一个老师教。但是私立学校的教学体系和公立学校完全不同，一般会以项目组、情境化学习为特征，但是每天布置的作业也相对较少。美国公立学校学费全免，每天还有专门的校车接送。

私立学校的话，以密歇根州安娜堡为例，一年的学费大致是2万美元左右。私立学校老师对学生的关注度更高，在学校对学生的记录更全面。

美国学校，不论公立还是私立，都非常注重体育运动，因为他们认为运动塑造大脑，孩子只有身体强壮了，大脑才能更发达。小学里面死记硬背的东西极少极少，但是必须要选体育项目，好一点的私立小学，会强制要求学生选择10个体育项目（长跑、短跑、棒球、橄榄球、足球、滑冰……任何学生感兴趣的），每个项目必须要拿到A或者A＋才可以正常毕业。对我的启发：沙和水就是孩子最好的玩具，强壮的身体是孩子未来最重要的基石，有时给孩子上各种课外班不如和孩子一起户外运动。

2. 兴趣班选择方面

有些家长也会经常带孩子去各种音乐会、美术馆、展览会（这些在美国很多都是免费的），看看孩子是否有学习乐器的天赋和兴趣，孩子愿意，也会选择让孩子学习1～2种乐器。

他们会培养孩子兴趣，引导孩子学习乐器，但是如果孩子不乐意，家长不会强求。

但是很多中产阶级的美国白人家庭会要求孩子学习中文，或者西班牙语。比如我认识的一位犹太妈妈，她家里 5 个孩子，都是她自己带。第一次见面，当我见到她们家几个孩子都用流利中文做自我介绍时，很震惊。

向她请教育儿经，她说她认为未来是中国崛起的时代，孩子不懂中文，就搭不上中国腾飞而起的马车。

她自己很努力学中文的同时，还专门请了一个精通中文的中国家庭教师，在家里面，她们日常交流都用中文。

对我的启发：任何语言的学习，都是赶早不赶晚。双语启蒙最好的是生活中情境教学，逼孩子学英语，不如自己学英语，然后和他用英语对话。想要让孩子精通一门语言，父母自己最好也跟着一起学习。

3. 培养孩子独立自主方面

我有个同事，巴西人，他和太太独立带 6 个娃，没有保姆也没有老人帮忙。

第一次见他时，他和我说家有 6 娃，我听到的那一刻都惊呆了。

他说最大的是女儿，今年 19 岁了，这一年刚去马来西亚支教做公益，在海边一所木棚搭起来的乡村小学里教英语。此外，她自己也在很努力地学习马来西亚语。

最小的孩子才 2 岁，目前放在托班，他每天负责接送。

我问他："6 个娃，你太太还有自己的自由时间吗？"

他说："太太从小让孩子自己做主，做一些力所能及的家务，大一点的孩子，每天轮流值日，做饭、洗衣服、打扫屋子，老大帮忙照顾弟弟妹妹。太太带娃之余，还有一些额外的时间自我学习充电，刚刚考上了医学博士并申请到了全额奖学金，读的是最难的临床医学。"

我又笑着问他："如何解决孩子之间的矛盾冲突和资源争夺？"他笑

笑："这是孩子们之间的事情，大多数情况下，我会让他们自己想办法，提出解决方案，但是我们每周会在固定时间召开家庭会议共同讨论。"

他接着说："很多时候，听到孩子们抢玩具大哭，我们大人就急急忙忙赶过去救火，其实这样并不能帮助他们学会处理矛盾、解决冲突，孩子需要的是引导，而不是裁判，比如大人以权威者姿态命令谁应该还玩具给谁，或者裁决谁对谁错。更多的时候我们是制定规则并执行，其他则冷眼旁观，信任孩子们，让他们自己解决冲突。"

美国家长都非常注重培养孩子独立行动的能力，并且尊重孩子自己的意志，他们真真切切把他们的孩子当作"成年朋友"在对待，尤其是孩子青春期之后。

对我的启发：我们不仅是孩子的妈妈，我们还是我们自己，培养孩子独立的行动力和意志力，这样我们才有更多时间去努力实现自我，不要忘记自己当初的梦想。

正如《华严经》所述，"不忘初心，方得始终"，为人父母的我们，在夜深人静的时候，不妨回到孩子在产房诞生的那一刻，我们对孩子的期许是什么？究竟是平安健康，还是出人头成为下一个"贝多芬"？很多时候，回到原点思考与孩子之间的冲突和问题，我们内心就会有不一样的答案。

第三节　成为独一无二的园丁，而不是木匠

妈妈是世界上最辛苦的工作，没有之一。

有一次，和一位前辈一起出差，她问我有没有孩子，接着她笑着说："妈妈是世界上最难最辛苦的职业。"我问为什么，她回答说："在中国，不曾被孩子重塑过的女人，从未被家庭和事业双面夹击的女人，未曾经历三代以上复杂家族关系考验的女人，无法全面理解生活的辛苦，不足以谈人

生。有太多热心观众教你如何做个'好妈妈'，有太多自己没有生养过孩子的同伴们给我们这样那样的建议，在她们看来，养个孩子就和喝碗面汤一样简单，可是，有些事情，你没有自己亲身经历，还真的无法真正理解和懂得。"

当我成为妈妈，我真切感觉到，在当下的中国，"妈妈"这种天然的身份被加入了太多成功学和竞争上岗的意味。比如，"成功"的妈妈意味着教育出了"成功"的孩子。"妈妈"这个岗位比销售总监还势利，再多的付出，如果孩子没有达到世俗意义的成功，没有从小表现出过人的聪颖，没有名校毕业，没有体面的工作，那么，所有努力自动生成差评。那些出书的虎妈，胜过老师的好妈，全都因为孩子的成功才获得社会的普遍认可。

世界上绝大多数岗位都有卓越的标准，唯独"妈妈"没有。"妈妈"这个岗位永远有人做得比你更好，永远付出多少都是应该的，永远不求回报，连希望人点个赞都是非分之想。

在中国，妈妈们必然加入学校老师的微信群，这是老师用来传达指示、布置任务的通道，原本是个快捷方式，可是演变成老师每发一个消息，家长竞相抛出各种卡通表情夹道欢迎。一位职场妈妈的段子笑点里全是泪点："我一个电话会议结束，几百条未读信息，我要穿过几十个跳舞的小姑娘、卖萌的河狸，还有吐舌头的小黄人，扒拉到手指抽筋才能捞到点干货。"

是的，全能妈妈就是这样，她们不能错过子女成长的每一个片段，书上说陪伴不够，孩子成年后会患渴爱焦虑症；负责任的妈妈必须亲力亲为操办孩子的一切，母乳喂养、一饭一蔬、一针一线；优质妈妈要做得好手工、烤得出蛋糕、读得了童话，甚至做得出上小学之后的PPT。

如果没有为孩子放下一切，很容易被归入"自私妈妈"的行列。在这种负担沉重的语境下，很多女性不同程度患上"当妈恐惧症"，一想到"妈妈"这个词，背景音乐立刻调成《烛光里的妈妈》《世上只有妈妈好》《念亲恩》这类让人听着就想哭的歌。

起初，我也用过这种成功学的方式要求自己做优质妈妈，非常辛苦，也未见得多有成效。后来，我用概率学的眼光重新看待我和孩子的母子关系：我自己是中人之资，那么我的孩子从概率上说特别好和特别差的概率都不会太大，除非后天基因突变或者我们的生活状态发生巨大改变，他们最大的可能是成为和我差不多的中等人，这难道是一件特别让人难以接受的事情吗？

为什么一定要求下一代比上一代强呢？每一代都比上一代优秀，早就进化得人间处处是男神女神，普通人往哪儿生存？和孩子死磕，要求自己成为无死角妈妈，实际上是和自己的基因死磕，磕得过吗？就像谴责男人抛妻弃子做事业不人道一样，要求妈妈们超越自身承受力全能表达母爱，除非她自愿并且乐在其中，否则同样不公平。

社会已经给妈妈们加了压，妈妈们自己干嘛不减点负呢？谁规定了好妈妈的开机模式只有某一种？

我们在厨房用打蛋器仔细地调着蛋液，对着烘焙书烤马芬，是温和贤淑的好妈妈；我们早晨换上慢跑装备，带着小不点迎着朝阳努力奔跑，是活力四射的好妈妈；我们揽着孩子指着童话书，细声细语地讲故事，是温暖慈爱的好妈妈；我们出色完成各种工作，顺着螺旋式的阶梯一步一个脚印走向职场高峰，成为孩子的榜样，是独立自信的好妈妈；我们明白自己是一个家庭的支撑，努力让各种关系其乐融融，是高情商的好妈妈。

关键在于，我们以自我的、独特的方式爱着孩子，我们是一个独立的、鲜活的、有自我的人，而不是面目模糊的"某某妈"。中国人非常善于把一段关系沉重化和复杂化，是父母就得永远奉献，是朋友就要两肋插刀，是老公就得终身套牢，是妈妈就要最大限度放弃自我。不累么？谁又能一直做到呢？人负担重了，很难轻盈，更难愉悦，而任何一种关系，一旦不开心，就难以长久维系。妈妈和子女，是一辈子的亲情，要长期共存，除了奉献，更需要休息。先成全一个人成为她自己，再赋予她其他的社会角色和责任。而一个人，丢失自己的时间太久，就再也找不回来了。

美国加州大学伯克利分校的发展心理学教授艾莉森·戈普尼克（Alison Gopnik）教授，在《园丁与木匠》（*The Gardener and the Carpenter*）一书中指出，木匠式父母要把孩子按照图纸打造成一个工艺品，但是哪怕设计的图纸再精妙、父母的打造手艺再精良，都只是在塑造孩子的外在表现。为了把这一层雕琢得毫厘不差，父母必然会伤害到孩子的特质风格和心理内核。

园丁式父母努力为孩子成长提供合适的养料、充足的阳光、适宜的温度和安全的环境，在孩子表现得明显有问题时，他们也会剪裁，但基本上还是支持孩子随着内心本性去发展的，这样培养出来的孩子最会有健康的心理内核，也最会有蓬勃的特质风格，最终，他们的外在表现会千姿百态而又让人喜出望外。

但是为人父母不是工作，不是木匠做桌子，重要的不是技巧；为人父母，是园丁种花，其本质是爱。这种爱的目的，是给予他们成长所需要的一个安全、温暖、自由的环境，使孩子成为一个独一无二的自己。

作为父母，最重要的奖励不是孩子的成绩和奖杯，甚至也不是他们的毕业典礼和婚礼，而是与孩子一起生活时所感受到的身心愉悦，以及孩子与你一起的点滴快乐时光。

爱没有目标、基准或者蓝图，但爱是有意义的，这个意义不是为了改变所爱的人，而是为了给他们提供条件，让他们蓬勃发展。爱的意义不是塑造我们所爱之人的命运，而是帮助他们塑造自己的命运；不是为了向他们展示道路，而是为了帮助他们找到自己的道路，哪怕他们所选择的道路不是我们所期望的，也不是我们能为他们选择的。

确切来说，爱孩子的意义就是为那些无助的幼儿提供一个丰富、稳定、安全的环境，这个环境充满变化、创新和新奇的元素，可供他们无限发展。无论是从生物学和进化的角度来看，还是从个人和政治的角度来看，都是如此。爱孩子并不是给他们一个目的地，而是为他们的旅程提供给养。

清华大学积极心理学研究中心赵昱鲲教授也指出，育儿应该尊重"黄

金圈法则"。（如图 10-1）

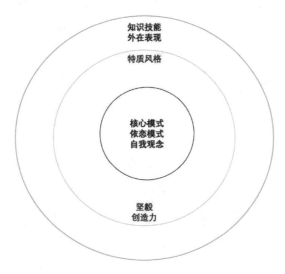

图 10-1　黄金圈育儿法则

　　最外层是 What，即外在表现，比如文化课成绩、才艺表现，钢琴考了几级，曾经获过什么奖，高考考多少分，未来从事什么工作，等等。这是一个孩子最明显可见的指标，也是通常被拿来衡量孩子是否成功乃至父母是否合格的标准。

　　其次是 How，即特质风格，比如创造力、探索精神、好奇心、勇气、社交能力等等。这些没有外在表现那么明显，但是也可以通过观察或者测量来发现，拥有这些突出品质的孩子，哪怕外在表现方面没有那么成功，我们也会称赞他们"优秀"。因为我们知道，特质风格是外在表现的驱动因素，一个孩子，哪怕现在成绩不够好，但是只要他有创造力、好奇心以及好学、探索的精神，那将来总能取得好的成就；反过来，一个孩子哪怕现在成绩很好，但如果缺乏坚毅的品格，也不具有成长型的思维，那他将来难免在长期的终身学习过程中落伍。

　　最内层的是 Why，即孩子的心理内核，这是他们对这个世界和自己所构建的核心模型。比如依恋模式：爸爸妈妈爱我吗？在乎我吗？我安全吗？又比如自尊：我有价值吗？我值得被爱吗？再比如自主：我有选择的自由吗？我能自己做决定吗？我可以追求自己的兴趣和价值观，还是应该顺从别人的要求？这些核心模型是在孩子还在懵懵懂懂之时，对世界和自己所形成的一系列最重要的核心看法，或者说感受，因为它们往往存留在潜意识中，并非明确的信念，而是本能的反应。它们隐藏在一个人的内心深处，不要说别人很难轻易观察到，就连孩子自己，也经常意识不到，可是，它们对孩子的影响确实是无处不在、无远弗届的。

成为好父母，意味着我们要考虑的是创造一片草地、树篱或者村舍花园。混乱是草地的荣耀，不同种类的花草可能会随着环境的变化而荣枯交替，没有哪一株植物能保证会成为最高、最美或者最长盛不衰的那一株。优秀的园丁致力于创造肥沃的土壤，以涵养整个生态系统，其中不同的植物具有不同的优势和美丽，同时也具有不同的弱点和生长挑战。和一把好椅子不一样，一座好的花园会不断变化，因为它在适应不断变化的天气和季节环境。从长远来看，在这种多变、灵活、复杂、动态的系统中成长出来的植物比最精心照料的温室花朵更加强健、适应性更强。好父母不一定会把孩子变成聪明、快乐或者成功的成年人，但是可以打造出强健、具有高适应性和坚韧的新一代人，以更好地面对未来将要面临的不可以预测、不可避免的变化。

每位父母都是独一无二的"园丁"，都是一个独一无二的自己。我们不仅是父母，更是我们自己。努力成为更好的父母，同时成为更好的自己。

参考文献

[1] Sparling, P. B. College physical education: An unrecognized agent of change in combating inactivity-related diseases[J]. *Perspectives in Biology and Medicine*, 2003. 46(4): 579-587.

[2] Kidd, C., Palmeri, H., Aslin, R. N. Rational snacking: Young children's decision-making on the marshmallow task is moderated by beliefs about environmental reliability[J]. *Cognition*, 2013. 126(1): 109-114.

[3] Tominey, S. L., McClelland, M. M. Red light, purple light: Findings from a randomized trial using circle time games to improve behavioral self-regulation in preschool[J]. *Early Education & Development*, 2011. 22(3): 489-519.

[4] Diamond, A., Barnett, W. S., Thomas, J., Munro, S. Preschool program improves cognitive control[J]. *Science*, 2007. 318(5855): 1387-1388.

[5] Unterrainer, J. M., Kaller, C. P., Halsband, U., Rahm, B. Planning abilities and chess: A comparison of chess and non-chess players on the Tower of London task[J]. *British Journal of Psychology*, 2006. 97(3): 299-311.

[6] Yoshida, H. The cognitive consequences of early bilingualism[J]. *Zero to Three*, 2008. 29(2): 26-30.

[7] McGonigal, K. The willpower instinct: How self-control works, why it matters, and what you can do to get more of it[M]: Penguin, 2011.

[8] Bak, T. H., Nissan, J. J., Allerhand, M. M., Deary, I. J. Does bilingualism influence cognitive aging?[J]. *Annals of Neurology*, 2014. 75(6): 959-963.

[9] Dintersmith, T. What school could be: Insights and inspiration from teachers across America[M]: Princeton University Press, 2018.

[10] Duckworth, A. L., Seligman, M. E. Self-discipline outdoes IQ in predicting academic performance of adolescents[J]. *Psychological Science*, 2005. 16(12): 939-944.

[11] Duckworth, A. L., Peterson, C., Matthews, M. D., Kelly, D. R. Grit: perseverance and passion for long-term goals[J]. *Journal of Personality and Social Psychology*, 2007. 92(6): 1087.